儒家教育与哈佛大学

通识教育

田雪芹 著

中国商务出版社
CHINA COMMERCE AND TRADE PRESS

图书在版编目（CIP）数据

儒家教育与哈佛大学通识教育 / 田雪芹著. --
北京：中国商务出版社，2019.5
  ISBN 978-7-5103-2876-3

  Ⅰ．①儒⋯ Ⅱ．①田⋯ Ⅲ．①儒家教育思想－作用－
哈佛大学－通识教育－研究 Ⅳ．①G40-092 ②G649.712.8

中国版本图书馆 CIP 数据核字(2019)第 101465 号

儒家教育与哈佛大学通识教育
RUJIAJIAOYUYUHAFODAXUETONGSHIJIAOYU
田雪芹　著

出　　版：中国商务出版社
地　　址：北京市东城区安定门外大街东后巷 28 号　　邮编：100710
责任部门：教育培训事业部（010-64243016　　gmxhksb@163.com ）
责任编辑：刘姝辰
总 发 行：中国商务出版社发行部　（010-64208388　64515150 ）
网购零售：中国商务出版社考培部　（010-64286917)
网　　址：http://www.cctpress.com
网　　店：https://shop162373850.taobao.com/
邮　　箱：cctp6@cctpress.com
开　　本：710 毫米×1000 毫米　1/16
印　　张：13.75　　　　　　字　　数：242 千字
版　　次：2019 年 6 月第 1 版　　印　　次：2020 年 7 月第 2 次印刷
书　　号：ISBN 978-7-5103-2876-3
定　　价：48.00 元

绪 论

英国诗人约翰·多恩 John Donne（1572—1631年）在《丧钟为谁而鸣》这首诗里写道：

没有人是一座孤岛

可以自全

每个人都是大陆的一片

整体的一部分

如果海水冲掉一块

欧洲就减小

如同一个海峡失掉一角

如同你的朋友或者你自己的领地失掉一块

任何人的死亡都是我的损失

因为我是人类的一员

因此

不要问丧钟为谁而鸣

它就为你敲响

这位睿智的诗人在17世纪就警告我们，作为人类的一员，为人类的共同利益而存在是尽自己的本分，不要将自己视为局外人，唇亡齿寒，你挽救的生命，是你邻居的、是你同事的、是你家人的也是你的，你的责任就是让世界完整的、可持续地存在，否则丧钟为你而鸣。责任是一个人做某事或以某种特定方式行动的义务，社会学家戴维斯说："放弃了对社会的责任，就意味着放弃了自身在这个社会中更好的生存机会。今天面对满目疮痍的地球、面对人类无止境的贪欲，人类的共同利益受到了威胁，人类的共同责任就是协调起来挽救地球的危亡。人类的共同利益之所以受到威胁，这与工业革命以来，教育趋于功利化、专业化盛行、技术至上，对人文精神、人类的共同利益漠视的教育理念有关。基于工具理性主导的教育理念培养的年轻一代，唯一关注的是自我存亡。这种只在乎个人得失、只追求个人成功，只注重世俗生活实际、对内心不加关注，而且辩解多于反思，追求利益最大化，使掠夺成为习惯，以科学技术征服自然为荣耀的行为，一方面使人类享受了西方文明为人类带来的福祉，同时，这种无节制地对欲望的开发也是西方文明对人类持续发展的致命一击。

导　言

　　本研究一共有七章，每章探头一个主题，第一章旨在探讨通识教育的内涵外延。通识教育的演绎路径——从博雅教育到通识教育演变历程与内在驱动力；探讨西方博雅教育理念的起源与发展；分析现代通识教育出现的原因；讨论重要历史发展阶段包括希腊时代柏拉图的理想、罗马时代博雅教育的精神；博雅教育的培养目的、内容和培养对象，自由人教育以及使人自由的教育；古希腊古罗马时期的博雅教育对人类共同利益的贡献；中世纪自由教育的新发展；文艺复兴时期博雅教育"新面孔"——人文主义教育的内涵、教育目的、内容、特征与贡献；启蒙时期的人文主义教育；20世纪通识教育的兴起；赫钦斯对专业教育在大学存在的合理性提出质疑。随着实用主义、过度专业化、工具理性的盛行，反思人文精神缺席造成的教育危机以及中国高等教育人文精神现状，对西方边缘文化的腐蚀性及儒家文化传承进行剖析，提出通识教育对"工业文明综合征"的治理以及通识教育重塑学生知识结构的方案，并探析儒家文化与通识教育的一致性。

　　第二章旨在探讨儒家文化中所蕴含的对生命价值的尊重以及如何挖掘人的潜质与提升其价值，充分地体现了对生命的人文关怀精神，一方面，先秦儒家教育中人文精神与古希腊人文教育的相通之处，首先，探讨了儒家思想所体现的人文精神；其次探讨了先秦儒家教育与古希腊教育对人价值的肯定与提升，另一方面，春秋战国时期儒家教育所蕴含的人文精神，在孔子的教育思想、《学记》中处处可见；对在专业化时代教育是如何弱化这种人文精神，强化专业精神以及在工具理性主导下，人文教育几乎是一去不复返，工业社会大学对人文教育传统的背离有目共睹，中国的优秀的传统文化在现代化中备受冲击，西方边缘文化造成了诸多危机。通识教育重建年轻一代的儒家轴心文明、重塑学生的知识结构。

第三章探讨随着全球化进程的推进，人类彼此之间交往频繁，相互依赖程度加深，逐渐形成了世界社群。人类需要了解彼此的文化、习俗、文明、语言、技术才能更好地交流、融合，避免冲突与对抗。本章探讨了在全球化背景下实施全球教育的必要性以及迫切性。全球教育是人类相互学习共处一个地球的原则，共同解决公民的教育问题。全球教育的目的在于促进人类之间的相互了解和包容；提升世界社群对人类不同社群的社会、文化、种族、经济、语言、技术、生态系统等的了解；理解世界社群的基本概念、原则使受教育者能从全球整体观点出发，为全球性问题寻求公正、恰当的解决方案。本章正是针对全球化的趋势，在深入分析当今全球化背景下高等教育面临的困境和机遇基础上，以全球化和全球教育为主要研究对象，对全球教育的目标、内容进行了详尽的讨论和研究，提出了通过通识教育提升大学生应对全球化困境的策略。

第四章旨在讨论本章探讨了儒家轴心文明的独特性、延续性和不可替代性的特征，论述了这种文明在农业社会被"丝绸之路"传播到世界的很多地方，催生了儒家轴心文明的全球化的前世的原因。探讨进入 21 世纪，"一带一路"又一次将儒家文明带向世界的路径以及中国将会再次伟大的可能性和重大意义。并论证了通识教育在儒家轴心文明重建和全球化中所扮演的角色，提出了具体操作的策略。

第五章探讨了现代工业文明造成的生态环境危机使人类的持续发展受到了严重的威胁，在与环境和谐相处的成功的案例中，不丹堪称典范，这是一个为了保护环境宁愿牺牲发展，即使国民收入很低，但却是亚洲幸福指数排名最高的国家，而这源于不丹人的全民信教。基于人类即将面临严重生态问题，中国作为一个负责任的大国，从新能源的开发利用到《巴黎气候协定》的签署等一系列措施彰显了中国保护环境的信心和决心。为了持续地与地球友善相处，通识环境教育成为不可或缺的教育之一。本章提出了通识环境教育的目标、内容以及方法来有效地建构年轻一代对环境保护价值的认知，学会与自然和谐友好相处之道。

第六章探讨了从 1869 年埃利奥特出任哈佛大学（以下简称哈佛）校长对哈佛进行第一次通识教育改革至今，在哈佛历史上共进行过四次大的通识教育改革。本研究首先对每次哈佛通识教育改革的内容、目的、意义和影响都进行了深入细致的研究。哈佛的通识教育改革呈现出 "拾遗补缺" 的特点，它通过对现存教育中的问题及前一次改革中遗留的问题进行深刻反思后，提出了更加合理、可行的改革方案，这样就使哈佛通识教育的理念、内涵和外延在不同的时期都得到了新的充实和进一步的发展。同时，哈佛的通识课程也随着美国社会的发展，不断地扩充和更新，并逐渐走向成熟。其次，本研究对不同时期促成哈佛通识教育改革的因素进行了全面的分析和探讨，得知哈佛分别发生在埃利奥特、罗威尔、科南特以及博克时期的通识教育改革不仅是这些卓越的校长直接推动的结果，也是当时美国错综复杂的社会、经济、文化生活间接作用的结果。分析和考察这些因素不仅可以解释哈佛大学与美国社会发展的关系，而且可以看到哈佛是如何形成自己独特的存在方式。哈佛大学的通识教育不管是基于社会因素还是对人本身价值的关注，它都是一种非常有价值的教育。它传承了人类的文明，启迪了人性的价值，弘扬了民主精神，为哈佛大学的长足发展提供了有力的支持，注入了永不衰竭的动力。

第七章主要探讨科南特基于 "全人类的共同利益" 对哈佛大学教育中的不足进行反思，并大刀阔斧地对其实施了影响深远的通识教育改革。科南特强调哈佛大学的培养目标：不仅仅在于培养一个美国公民，而是关注人类共同利益、具有国际视野的人；要培养一个能有效思考和表达、具备批判精神、广博的学识和精湛的专业知识、对全人类的文化和文明有普遍的了解，而不偏狭于某一地区、某一文明、对人类的共同利益和命运普遍关注的人。为了实现这一培养目标，他在哈佛任校长期间不遗余力地对哈佛进行了卓有成效的通识教育改革，即核心课程改革，此改革几乎成为全球高等教育通识教育改革的风向标。现今，中国大学生未来就业、学习、生活不能仅局限于国内，而应以全球为背景，大力推进高校通识教育改革，培养具有国际视野的年轻一代。科南特对哈佛大学的通识教育改革经验，对于深入反思中国的大学通识教育改革和提出应对策略具有重要的现实意义。

目　录

第一章　通识教育

第一节　通识教育内涵讨论

一、通识教育内涵

通识教育是英文 General Education 的翻译，曾经有学者把它译为"普通教育""一般教育""通才教育""全面教育"等，这一概念是相对"特殊教育""专业教育"而言。通识教育在演进过程中其概念也在不断变化，不同的时间与空间、不同的哲学家与教育家在不同的社会形态中也赋予了它不同的教育内涵，如通识教育既是博雅教育又是"通才"教育，既是人格教育又是专业教育，可见其内容非常之丰富。但是这种丰富性却是以通识教育的概念混乱、目标模糊、宗旨不明为代价，对于该实施何种通识教育失去了清楚的认知和方向。因此，非常有必要探讨通识教育这一概念。

通识教育一词出自帕卡德（A.S.Packard）1829 年刊登在《北美评论》（North American Review）的论文中，目的是维护耶鲁大学的古典课程。他认为，通识教育旨在训练学生心灵，建立专业且稳固的基础，发展学生特性与德性，也就是提供博雅教育，[1] 博雅教育是指文理科目，是把科目统合而视为佳偶的主要内容的一种看法。[2] 依据牛津学者纽曼（John Henry Cardinal Newman，1801—1890 年）在 1852 年《大学理想》（The Idea of a University）中所指出的，大学是提供一种博雅教育培养绅士的地方，所

---

[1] Arthur Levine, *Handbook on Undergraduate* ,Curriculum San Francisco:Jossey-Bass Press, 1978,p.4-5.
[2] 贾馥茗著. 教育哲学. 三民书局，1983.

以大学教育的重点是传授学问而不是发展知识；这样的绅士，乃是指有修养与见识的文化人。因此，教育的目的在于性格的铸造（Character Formation）。[1] 主张博雅教育者均认为，教育的目的不在于为未来职业做准备，而是希望透过广博雅致的学习过程，培养出"健全的人"（A Rounded Person），并且促进个体心智的发展与文化素养的养成。[2] 因为博雅教育假定一切都是可以讨论的，是对话的文明、逻辑（Logos）的文明，[3] 随着时代的推进，博雅教育的内涵外延不断地变迁，被后来的通识教育所代替，博雅教育便成为通识教育的前身。

中国大陆对通识教育的研究，比较有代表性的就是李曼丽、冯惠敏等学者，大陆地区有关通识教育的研究一般都引用她们的研究成果。李曼丽教授从性质、目的和内容三个角度对通识教育的概念内涵做了初步建构，就性质而言，通识教育是高等教育的组成部分，是所有大学生都应该接受的非专业性教育；就目的而言，通识教育旨在培养积极参与社会生活的、有社会责任感的、全面发展的社会的人和国家的公民；就内容而言，通识教育是一种广泛的、非专业性的、非功利性的基本知识、技能和态度的教育，此通识教育的定义值得商榷，通识教育是深刻的教育，不是简单的专业教育、非专业教育或公民教育所能涵盖和定义的，通识教育是一种在学有所精、学有所专的基础上，旨在培养学生的科学素养、人文精神、多元视角、独立思考、自我反思和创新能力，能超越偏见和迷信，能将数据变成信息，将信息变为知识，又能将知识转化为自身的能力的教育。

就通识教育的目标而言，是为学生提供足够的知识、技能和训练，它是为学生终身学习奠定基础的教育；是在全球化的形式下培养具有国际视

---

[1] John Henry Cardinal Newman,*The Idea of a University*,New York:Images Books Press, 1959,p.47-55.

[2] T.R.McConnell,*General Education:An Analysis",in N.B.Henry,The Fifty-First Yearbook of the National Society for the Study of Education*,Chicago:University of Chiacago Press,1910,p.1-19.

[3] 赫钦斯著.陆有铨译.民主社会中教育上的冲突.桂冠图书公,1994.

野的独立个体，让学生拥有与不同肤色、不同国度的人相处的能力的教育；是能为自己未来的幸福人生做准备，学会关怀自身的教育；通识教育的目的不是把学生培养成服从国家意志的工具，而是要使学生具备一定的政治素养，推进国家的文明进程；通识教育是对自由教育和专业教育的融通和整合，它呼唤个体主体意识的觉醒，培养学生的才智，增强学生的理解力，使学生能够掌握一定的专业知识并对专业外的领域具备一个基本的认识和判断。

　　如果通识教育与专业教育、自然学科教育有所区分的话，通识教育更多强调培养负责任的人或公民，而专业教育则注重培养学生的职业竞争力。除此之外，通识教育旨在建构了一种人与宇宙的和谐关系：确立了人与人相处的原则；人与社会相处的尺度；人与自然相处的态度；人与自我相处的频度。通识教育强调情、意、智等内在世界存在的价值，从内心出发，去探究世界，过有灵性的生活，强调并凸显个人的想象力与感受力。通识教育利用自然科学知识和方法帮我们理解情感和意志的内容，并赋予了理性的形式，作为经验的范畴。可作为一名教授工科学生的教授，他们深刻地感受到，学生的专业被制约、创造力被制约的原因在于他们理解力、想象力和知识的宽度、厚度出了问题，学生被局限于一个很狭窄的专业里，想象力和创造力被严重阻隔。大家和大师是"通才"的完整表述，大，即广博也；家，即融会贯通后的身体和灵魂的栖息"自在"之地，所谓"自在"就是找到了自我与万事万物和谐相处的方式，自我的边界消失，消融到对方之中。专业化教育可以培养科学家，却无法造就大师。那些大师无一例外的都有深厚的文化底蕴。如李政道，1926 年生于上海，美籍华人，1957 年获诺贝尔物理学奖，时年 31 岁；邓稼先，李政道同学，中国原子弹之父；钱学森，中国火箭元勋；丁肇中，1936 年生于美国，中学时代在台湾，1976 年获诺贝尔物理学奖，时年 40 岁；李远哲，1936 年生于中国台湾，1986 年获诺贝尔化学奖，时年 50 岁……这些大师级人物的共性就是有深厚的国学功底，充满了想象力与博大的情怀。之所以能称之为"大家"，这里的"家"就是以"术"为家，比如书法家的自在状态就是，书法因"我"而存在，书法即我的存在形式，我即书法的存储空间和时间，书法消融于我之中。我提起笔书法就从我的灵魂里流淌出来，是书法成就了我，还是"我"成就了书法，已经无法分割彼此，因此书法和我都在"自在"中存在。

通识教育的精神在于克服专业化所造成的壁垒，避免因课程设置狭窄化造就出视野局限的人才，培养学生在掌握精湛专业的同时具有广博的知识。通识教育的具体内容每个时代有所不同但大致包括在人文学科、自然学科和社会学科之中。通识教育让学生在人文学科中得到逻辑和创造力的培养，在自然学科中得到想象力、深度思考力的陶冶，广博的通识课程运用交叉学科培育出具有独立判断力的人、有人文史观的人、能献身于公共事业的人，他们都是身心健康、快乐幸福的社会公民和世界公民。通识教育的实施有利于培养学生开阔的视野、博大的胸怀、良好的人文素养以及健全的人格，其最终目的在于为培养一个完整的人做准备，为社会的健康和谐发展创造条件。

通识教育具体到哈佛大学的通识教育，情况如下：虽然每个时代、每个阶段的具体目标、内容都有所不同，但是总的来说哈佛的通识教育是建立在人性基础之上的，它以人为终极目的，以培养人的完整性和开发人的智慧来对抗专业化时代把人作为各种工具（比如，赚钱谋生的工具）的教育。通识教育是以帮助人获得真正的自由为前提，不管学生将来从事什么样的职业，通识教育会为他（她）成就完满的人生、幸福的生活奠定基础。下面的章节将专门对哈佛大学的通识教育进行阐释。

通识教育的终极目的是达成人类的至善境界，所以要陶冶和训练人独具的心灵，启迪智慧，形成心智，产生理性认识，成为一个有智慧的公民，具备独立的判断、理性的分析和思考能力，同时也帮助学生逐渐形成睿智向善的美丽心灵。通识教育的人文内涵是对自由教育的一种新继承，外延是对专业教育价值的扩充。

对于自由教育，只需追忆一下纽曼所主张的大学精神以及他对自由教育的定义就可以找到确切的答案。时代的发展不但没有使他对自由教育的独到见解黯然失色反而使其熠熠生辉。正像他在著作《大学的理想》中所述："只有当教育自身就是目的，独立于其实用性结果，并只指向自由思维而无其他特定目标时，它才能称为自由教育。"在纽曼看来，自由教育的目的首先在于培养人的智慧和深刻的理解力，培养人勇于探究事物本源的精神；其次，自由教育不是为了传授某些特定的内容，而是通过学习一些科目来开发特定的思维能力，如独立批判的思维能力和从偏见、迷信与教条中自我解放出来的能力。纽曼对人和存在的终极关怀，探讨的是人和宇宙的终极问题，人与人的相处问题、人与社会的相处问题、人与自然相处问题，不仅是人与人相关的一切事物都成为他终极关怀的对象。西方社会从人与神的契约关系发展到人和人的契约关系，要求一切对别人的服务与协助是从尊重别人的人格开始，使人格能够自由、主动地发展，最终使人成为一个独立自主、有主见、有担当、有责任心的人。纽曼认为，培养一个有教养的人的标准是有学识、有胆识、有操守、有高尚人格，这些素质是过幸福人生的前提。对于如何培养这些素质，古希腊罗马的思想、法制、文学、艺术音乐、建筑、自然科学等都是提升个人修养的极佳方式。显然，在今天看来，纽曼的这个观点依然独到新颖，与150年前一样令人信服。20世纪五六十年代，科南特在哈佛大学的通识教育改革中同样提出培养一个有教养的人这一观点，只是内涵更加贴近学生所处的时代。

教育从诞生之日起就被寄予美好的期望，人类希望教育能使其生活更美好、品德能更高尚，能提升自我以臻于真、善、美、圣的更高境界。任何一种教育都不敢公然地、大规模地、明目张胆地去开发人的私欲、短视、堕落、贪婪、邪恶并将人类引向罪恶、毁灭。纽曼认为："智力的训练对个人最为有益，能使人更好地承担责任和向社会尽其义务……如果大学的课程非要有一个实用性的目的的话，那就是培养出人才。正是教育，能给予人们对独到见解与判断的明确洞察力，从而发现真理，具有辩才，以及追求动力。它教会人们看到事物的本质、抓住重点、理顺思绪、发现诡辩和摈弃芜杂。它使人们具有承担任何责任的条件和驾驭任何问题的能力。"从纽曼的精辟论证中我们可以看出自由教育的目的在于培养具有独立批判精神和独特思维能力的人，而不是仅仅为了功利的目的的才去获得"特定的"和"有用的"知识，这也正是通识教育所遵循和保持的基本精神与内涵所在。

二、儒家经典中所蕴含的通识教育思想

　　通识教育除了从古希腊传统教育思想中吸取养分之外，在中国的优秀的传统文化中在儒家经典和儒家思想中也可以找到通识教育的影子。黄俊杰先生指出："通识教育是建立人的主体性，并使人与他所处的客体世界达到互为主体性之教育。这种意义下的通识教育，其实就是当代中外教育学界所谓的全人教育。"[1]所谓全人教育就是中国传统教育的目标，即"成人"与"成器"不可偏废，如董仲舒所言："不仁不智而有材能，将以其材能以辅其邪狂之心，而赞其僻违之行，适足以大其非而甚其恶耳"[2]如果只是有才能，而毫无道德可言，这样的人很可能利用其才能从事违法犯

---

[1]黄俊杰.中国古代通识教育思想的激荡：教育目标、内容与方法.通识教育，1995(2).
[2]苏舆著.春秋繁露义证.中华书局，1992，257.

罪活动。因此，在中国的传统教育思想将"成人"与"成器"看做是不可分割的教育目标。

荀子对生命价值与尊严的人文关怀精神。荀子曰：学恶乎始？恶乎终？曰：其数则始乎诵经，终乎读礼；其义则始乎为士，终乎为圣人，真积力久则入，学至乎没而后止也。故学数有终，若其义则不可须臾舍也。为之，人也；舍之，禽兽也。[1] 人与禽兽的区别之一就是人的价值、尊严是通过学习来提升的，这是荀子对生命的终极关怀，为了使人的存在有价值不同于禽兽、脱离低贱、卑微就必须学习。学习究竟应从哪里入手又从何结束呢？荀子认为，按其途径而言，应该从诵读《诗》《书》等经典入手到《礼经》结束；就其意义而言，则从做书生入手到成为圣人结束。真诚力行，这样长期积累，必能深入体会到其中的乐趣，学到死方能后已。在儒家看来，教育的目标就在于培养"圣人"，即"学数有终，若其义则不可须臾舍也"。其实，从儒家的教育思想中，比起"成器"，"成人"是首位的，学以为圣人、君子，且这样的志义是"不可须臾舍也"。

荀子提出的教育培养目标与评价标准。荀子提出了教育的目标在于造就"圣人""君子"。那么圣人的评价标准是什么？荀子提出了一个参照标准，即，小人。他认为，君子之学不同于小人之学，圣人与小人的区别不仅仅在言语上，更重要的是在行为上；那么"君子"与"小人"在对待学习的态度和对待学问的态度上有什么区别呢？"君子之学也，入乎耳，着乎心，布乎四体，形乎动静。端而言，蠕而动，一可以为法则。小人之学也，入乎耳，出乎口；口耳之间，则四寸耳，曷足以美七尺之躯哉！古之学者为己，今之学者为人。君子之学也，以美其身；小人之学也，以为禽犊。故不问而告谓之傲，问一而告二谓之囋。傲、非也，囋、非也；君子如向矣。"（《荀子·劝学》）荀子认为，君子学习，是听在耳里，记在心里，

---

[1]荀况著.方勇、李波译注.荀子.中华书局，2011，7.

表现在威仪的举止和符合礼仪的行动上。一举一动，哪怕是极细微的言行，都可以垂范于人。小人学习是从耳听从嘴出，相距不过四寸而已，怎么能够完美他的七尺之躯呢？古人学习是自身道德修养的需求，现在的人学习则只是为了炫耀于人。君子学习是为了完善自我，小人学习是为了卖弄和哗众取宠，将学问当作家禽、小牛之类的礼物去讨人好评。所以，没人求教你而去教导别人叫做浮躁；问一答二的叫啰嗦；浮躁啰嗦都是不对的，君子答问应象空谷回音一般，不多不少、恰到好处。

实现教育目标的途径。"学莫便乎近其人。礼乐法而不说，诗书故而不切，春秋约而不速。方其人之习君子之说，则尊以遍矣，周于世矣。故曰：学莫便乎近其人。"（《荀子·劝学》）荀子认为，学习没有比亲近良师更便捷的了。《礼经》《乐经》有法度但嫌疏略；《诗经》《尚书》古朴但不切近现实；《春秋》隐微但不够周详；仿效良师学习君子的学问，既崇高又全面，还可以通达世理。所以说学习没有比亲近良师更便捷的了。

荀子提出了一个非常著名的论断："化性起伪"其中"性"如果缺乏人为的教化，也就是："伪"，那么人将只能依凭生理的本能行动。而如果人们都只依据生理本能行动，那么又与禽兽何异！荀子曰："水火有气而无生，草木有生而无知，禽兽有知而无义，人有气、有生、有知，且有义，故最为天下贵也。"（《荀子·劝学》）荀子认为，水、火有气却没有生命，草木有生命却没有知觉，禽兽有知觉却不讲道义；人有气、有生命、有知觉，而且讲究道义，所以人最为天下所贵重。人的力气不如牛，奔跑不如马，但牛、马却被人役使，为什么呢？就是因为：人能结合成社会群体，而它们不能结合成社会群体。人为什么能结合成社会群体？就是因为有等级名分，等级名分为什么能实行？就是因为有道义。所以，根据道义确定了名分，人们就能和睦协调；和睦协调，就能团结一致；团结一致，力量就大；力量大了，就强盛；强盛了，就能战胜外物；所以人才有可能在房屋中安居。人才能依次排列四季，管理好万事万物，使天下都得到利益，这并没有其他的缘故，而是从名分和道义中得来的。荀子以是否具备"义"作为人与禽兽的区别，教育的目的就是使人拥有"道义"。

孟子认为，教育的目的是将仁义礼智根于心，强调德行与智力的内在性；孔子提出，仁者爱人，教育的目的就是在于培养具备仁义礼智信的君子或圣贤；从中国的优秀的传统文化中，无时无刻会感受到，教育就是一种"教人做人"的实践活动，即由"自然人"经由教化后成为"社会化的、有文化的、有教养的人"，教化的过程就是一个人文化的过程；就是将仁，爱、礼、义、智、信这些人文素养植入个体生命中的过程；人文教育是指对受教育者所进行实践活动和意识活动进行一种旨在促进其人性境界提升、理想人格塑造以及个人与社会价值实现的教育，其实质是人性教育，其核心是涵养人文精神，而人文教育就是通识教育的前身。中国传统教育的核心价值就在于塑造完美的人格，提升人的境界。

总之，无论是儒家的教育目的、态度、方法还是评价机制都充分的体现了对生命的厚爱、对人的尊严的提升、对生命价值的深切关怀，并致力于开发人性中善的种子和生命无穷的潜质，这都是儒家教育对人文精神最好的诠释和注解。

第二节　西方通识教育思想的演进

通识教育是一个在特定历史背景下出现的新词，最早始于 19 世纪的一个术语，主要是用区别"专业教育"（Disciplinary Education or Specialized Education）之外的修习课程。在人类学科未分化之前，这个词是不存在的，即使存在也以另外的名称而存在，比如"人文教育""博雅教育"。西方古代博雅教育的目的其实不在于培养专精某一学科的学生，"专业教育"也是随着科学技术的发展，学科分化后才与通识教育齐名的一个新词。"自由教育"或"博雅教育"的用语虽然始于罗马时代，可是这些概念的精神可以继续往上追溯到希腊时代。在罗马时代,当时的用语是 Studia Liberalia(Liberal Studies),指的是"适合于自由人、而非奴隶的教育",它同时也蕴含着"培养通达智能而非专门技术"的意义。就其有别于奴隶的训练而言,它是"自由公民的教育"或"自由教育";就其有别于专业技术的培养而言,它是"博雅教育"或"宽宏教育"。[1] "博雅教育"被视为通识教育的前身,即通识教育的逻辑起点始于博雅教育。

古希腊是西方文明的起点,同时也是近代文明的源泉。从荷马时代教育的萌芽,古风时代制度化教育的初现,古典时代希腊城邦教育的辉煌,希腊化时期教育思想大放光彩,这些看似久远的思想却丰富和影响了近代教育和现代的教育,即使今天教育被功利化、专业化折磨得筋疲力尽时,仍然不得不重回古希腊、古罗马去寻找灵感。古希腊文明是人类的精神殿堂,给人一种归属感、仪式感和家园感,精神价值的辉煌是不朽的,是被尊重、被理解和被接纳的。反观当下的教育,"有用"作为教育的唯一价值被人们所接纳的。被尊重和接纳的古希腊精神在孕育了希腊发达思想体系,同时也孕育出较为完善的教育制度,形成了丰富的教育理论,博雅教育思想就是其中的一颗明珠。这颗明珠让苏格拉底、柏拉图、亚里士多德等天才光芒四射,这样的天才也使博雅教育更加丰满、耐人寻味,还一次次召唤后人要用心靠近,体悟博雅教育所蕴含的韵律和韵味。

一、 古希腊古罗马时期的博雅教育及对人类共同利益的贡献

(一)博雅教育的培养目的和培养对象

---

[1] 江宜桦.从博雅到通识:大学教育理念的发展与现况.政治与社会哲学评论,2005(14).

博雅教育起源于古希腊，公元前5—6世纪，古希腊经济高度发达，经济发达促进了文化繁荣、孕育了光辉灿烂的古希腊文化。正如汤恩比所言，每一种文明都由其社会中具有创造力的个人或少数人所创造，这群人在历史演进中扮演着活跃的角色，他们具有丰富的创造力，能带领其他人克服困难改善生活，提升生活质量。这对于没有创造力的多数人，即同一社会内的普罗阶级，会产生强大的诱惑力，使之追随和拥护，继而影响愿意接受该文明的其他社会的普罗阶级。古希腊的文明也不例外，该文明由少数精英阶级所创造同时服务于这个阶层。在古希腊时期，博雅教育是为了教导一个"自由民"去认识和学习那些为积极参与公民生活所必要的学科和技能的教育。博雅教育从诞生之日起就身价不凡，雍容华贵，是为自由民、贵族、闲暇阶层量身定制的私人教育。希腊的教育注重人文陶冶与身心平衡发展，培养文雅的自由人，这种教育后来传到罗马其教育理想就逐渐演变为着重培养具有文化素养的政治家、演说家、雄辩家。

雅典教育的目的是培养自由民的理性、德性、审美、修养并促使其身心和谐发展使其有能力履行自由民的职责。雅典民主政治发达，需要受过教育有能力参与民主事务和处理公共事务的自由民参与政治活动，以此来推进雅典的民主进程。因此，博雅教育的目的也是培养从事政治活动、处理个人和公共事务的人就不难理解了。博雅教育体现了雅典人的文化性格，即鄙视知识的实用价值。在古希腊，自由人接受博雅教育，而实用知识与技能是奴隶掌握的，以便他们更好地服务于奴隶主。苏格拉底认为教育的目的是造就道德高尚、才能卓越的人。智慧源于正义、德性，教育的目的就是培育人的正义、美德、勇敢、节制等品行。

博雅教育的对象是自由民或贵族子弟等统治阶级，接受博雅教育是为了更好地享受闲暇时光，不是为了功利而接受训练。这个阶层实行不以功利为目的的教育，这种教育使其能够理智地阅读、思考和发表演说，并深度思考一些现实世界、人性、宇宙、存在等哲学问题，这也正是古希腊博雅教育明显的非功利性特点，即通过闲适活动、心灵自由提升一个人的心智水平，这种教育孕育了古希腊杰出且不朽的辉煌文明，同时培育了一大批对人类影响深远的哲学家、思想家。教育的非功利性本质是一种明心见性的启智教育。过于狭隘的专业教育势必抑制人的创造力，所以古希腊三贤——苏格拉底、柏拉图、亚里士多德那样的伟人在专业化时代很少诞生。博雅教育是智者、精英留给人类的一笔精神财富和智慧遗产，博雅教育的光芒在今天依然绚丽。

古希腊教育是古希腊文化的重要组成部分，是西方古代教育完整而典型的代表，代表了西方古代教育发展的高峰。古希腊有两个最具代表性的城邦国家——斯巴达和雅典，其教育类型截然不同。斯巴达教育重视军事和体育，目的是培养军人；雅典教育注重全面和谐的教育，目的是培养身心和谐发展且能履行公民职责的人。西尼卡出现后，开始把博雅教育的意涵延伸，把"自由民"的教育转变成"使人自由"的教育，即"自由教育"的目的就是使人的心灵获得自由。接受过自由教育的人知道如何理性地运用自己的智慧，能深度思考且具备德性和美德，能推进雅典的民主进程，能批判性地思考和处理私人与公共事务。今天所谈论的"博雅教育""自由教育"已经不是自由人的教育，而是第二层含义，使人心灵自由觉醒的教育。

苏格拉底是博雅教育的受益人，也是博雅教育的奠基人。苏格拉底的著名命题"美德即知识"，在讨论德性与知识关系时，指向教育的目标是启迪智慧（方法是用"产婆术"启迪智慧），把心灵引向"美德"、引向"善"，德性和美德就是知识，可以通过知识的获得达到善的境界，美德是可以"教"的。美德是善的，善就是节制、勇敢、正义等。学习和掌握各种知识的过程就是美德的获得和完善的过程。心灵的独特活动是追求知识，知识的成就将会满足和充实心灵。追求知识就是追求心灵的善，也是幸福生活的基本要素。苏格拉底更推崇伦理道德知识。苏格拉底认为各种自然知识都是不可靠的，只有人与人之间的有关知识才是最可靠的、最有用的。因此他用"产婆术"向年轻人讲述善的知识——正义、勇敢、德性、节制等。德性的提升就是知识的提升，德性的凭借在知识中，他认为德性、名誉高于财富，最后他选择了舍生取义——当苏格拉底被控以败坏青年之罪而处死时他有机会逃走，但是他选择了死亡，他想用死亡来成就德性、美德和道义，以此给追求真理和美德的青年树立典范。在面对死亡威胁之际，他依然表达对真理和美德的向往，"一个人最有意义的事，是每天讨论德性以及那些大家听我讨论过的、检验自己与他人的问题；而一个未经检验的人生则是没有价值的人生"（Apology，38a）。苏格拉底追求真理、重视德性、善用辩证、不断自省的精神被后世诸多学者敬仰。苏格拉底具有热爱真理的道德勇气，用死亡向世人宣告：坚守美德、正义于人一生极其重要。他不遗余力地拯救那些具备哲学天分的青年，鼓励他们勇于探寻真理，不断以理性的态度检验自己及他人的言行。他强调智慧、勇敢、正义、节制等美德的重要性，承认自己对此所知不多。苏格拉底本身就是对西方博雅教育最好的诠释，既是集大成者又是新的开创者。

苏格拉底死后，其弟子柏拉图对现存的政体完全失望，开始漫游意大利、西西里岛、埃及等地。约在公元前 387 年，他返回雅典，并创办学校——阿卡德米学园，来实现《理想国》的教育思想，培养治国人才。他根据公民的出身和资质将人分为三等，依次是哲学王（金质）、军人（银质）、手工业者和自由民（铜质和铁质），其对应的职能就是统治者、管理者、生产者。因此，教育的目的就是让金质的统治者拥有智慧、银质的管理者勇敢、铜铁质的生产者懂得节制，不同阶层的人恪守本分，建立一个有序的社会，是柏拉图的政治理想和他对教育的期待。柏拉图的"理念论"主张普遍的真理，认为现实生活中只有理念才具有真理性，即"理念团"，因此教育的目的就在于了解和掌握各种理念。由此可见，柏拉图的普遍性教育目标就是培养国家统治人才：哲学王、军人、手工业和自由民，而终极目标就是了解理念世界，养成人善的理念。柏拉图的博雅教育开启了西方教育对理性的探索之旅。

　　古希腊博大精深的博雅教育孕育了伟大的哲学家，这些哲学家完成了古希腊的"哲学突破"。著名的历史学家余英时先生认为，所谓"哲学的突破"即对构成人类处境之宇宙的本质发生了一种理性的认识，而这种认识所达到的层次之高，则是未曾有的。与这种认识俱来的是对人类处境的本身及其基本意义有了新的解释。苏格拉底、柏拉图、亚里士多德的出现是古希腊"哲学突破"的最高峰。当儒家专注于内在修养仁、义、礼、智、信等价值观念，用修身来建立内在秩序，齐家来建立家庭秩序，治国来建立国家秩序，平天下来建立世界秩序的"内在的哲学超越"时，西方的哲学家就开始思索宇宙的本质、秩序、存在、理性等命题，构建外在的"宇宙秩序"，开始思索如何从"人与神的契约"转向"人与人的契约"。西方法律来自神学，有神圣性，在作证词前要宣誓，所以践踏法律的成本很高，是对信仰的背离。在西方文明中，法律意识深入人心。这与整个西方文明构建中博雅教育奠定的理性认知基础有关，哲学、科学、神学都是以理性认知为基础。亚里士多德的灵魂论中最本质的特征就是以理性为导向去探究灵魂，他认为人有三种灵魂：理性灵魂、非理性灵魂和植物性灵魂。理性灵魂主要表现在思维、理解、判断等方面，是灵魂的理智部分，又称为理智灵魂，是最高级的灵魂。非理性灵魂主要表现在本能、情感、欲望等方面，是灵魂的动物部分，又称为动物灵魂。下层植物灵魂主要体现在有机体生长、营养、发育等生理方面，是灵魂的植物部分。动物灵魂是中级的，植物灵魂是最低级的。低级的灵魂含有的质料多、形式少；高级的灵魂含有的质料少、形式多。人人都具备这三种灵魂，且从出生到成人依次呈现出植物灵魂、动物灵魂、理性灵魂。即儿童出生前后主要是身体的发育、生长，到了稍大一点时就表现出他的本能需求及情感需要，到了成人时才有思维、理解、判断等能力的出现。这种划分标准已经部分地被现代心理学中脑科学的发展所证实。人的行为意识是人体行为发生前从大脑中产生的，是人脑感受到内外部环境或具体事物对人的生存发展有所作用和影响后，根据人生来具有的生存发展意识本能，把大脑中记忆的旧知识同感知组织刚获得的新知识结合起来进行分析处理，所产生的指挥人体行为的意向、命令、计划、方法和方案，是人的生存需要和生存条件相互对立的现实经过人脑的分析处理所产生的结果。意识是人脑的机能和属性。意识是与物质相对应的哲学范畴，与物质既相对立又相统一的精神现象。人类对意识现象的认识经历了一个复杂的发展过程。在教育上，亚里士多德根据他的灵魂论把教育划分为三个组成部分：体育、德育、智育。其中体育是基础、智育是最终的目的。这是亚里士多德对博雅教育的目的最好的诠释，即博雅教育的目的就是在人成长的不同阶段施于十分恰当的教育和训练，从而使人的灵魂健康、和谐、全面、自由的发展。

古希腊和古罗马时期的博雅教育，不以功利和技能为目的，注重培养广博通达的智慧。它透过基础人文学科与自然科学的教导，使受教者具备良好的表达、推理、反省能力，以及对抽象艺术形式的感受能力。古希腊和古罗马时期的辉煌艺术、思想、哲学等均与博雅教育密切相关。

（二）博雅教育的内容

古希腊人不仅拥有自己独树一帜的博雅教育思想，而且还创造了适合博雅教育的教育内容。如果说苏格拉底与古希腊的博雅教育一脉相承，那么其弟子柏拉图对博雅教育的课程设计，便是为博雅教育注入了生命之泉，是让博雅教育在历史的长河中得以永存的保鲜剂。古希腊哲学家柏拉图按照"以体操锻炼身体，以音乐陶冶心灵"的原则培养人才。在柏拉图之前，智者创了三个学科，即文法、修辞和辩证法，称为"三艺（Trivium）"。

智者对博雅教育产生了巨大的影响，德国哲学家黑格尔曾高度评价智者的贡献，认为智者是希腊人的老师，通过智者，文化才开始在希腊出现，智者以智慧、科学、音乐、数学等教人代行学校职能，教化青年。柏拉图一贯重视"三艺"的学习，他还按照"以体操锻炼身体，以音乐陶冶心灵"的原则，把学科区分为初级和高级两类，其中初级科目有体操、音乐练习和识字，高级科目有算术、几何、音乐和天文学，此为"四艺（Quadrivium）"之雏形。柏拉图奠定的"七艺（Seven Arts）"基本框架对后来的西方教育产生了深远的影响。柏拉图在《理想国》之中，力主城邦的统治者与辅佐阶层必须接受严格而井然有序的教育。在柏拉图看来，一个好的国家是由执政者（金质）、军人（银质）和生产者（铜质）组成的，并建立在智慧、勇敢、节制、正义这四种美德之上。那么博雅教育的内容就是成就执政者、军人和生产者的有效途径。这种教育从博雅始于学前时期（儿童出生时期至 7 岁）教育的内容：游戏、讲故事、音乐、舞蹈等，其目的在于养成未来公民所应该具备的勇敢、坚毅、快乐等品性。第二阶段为普通教育期，主要是读写、音乐、体育、诗歌、戏剧、文学、演奏；体能训练及良好生活习惯的养成是通过音乐教育和体育来达成的：音乐教育陶冶情操，旋律让身心自由，体育让人身体健壮，避免孱弱、精神萎靡不振。尤其是斯巴达教育非常注重强身健体的体育教育，针对今天独生子女身体的孱弱加强体育教育意义尤为重大。第三阶段是在成年之后，材质较佳的男女尚需接受数学、几何、天文、音乐四种学科的教育，其目的是为了让年轻人得以从感官世界的观察提升到抽象世界的掌握。在 30 岁之后，经过考试淘汰脱颖而出的人才将开始学习辩证法（Dialectic）。辩证法也就是哲学的真正思考方法，其目的是使一个人超越现象界的羁绊，直接掌握到了其中善的理念（The Idea of The Good）以及所有万事万物的本质。[1]柏拉图创设的阿加德米学园的课程，即以"七艺"为基本内容。阿加德米学园开设的课程有算术、几何、天文和音乐，这四门课程在教育史上称为"四艺"。柏拉图所列举的学习科目对后世博雅教育体系的形成有着深远的影响。按照柏拉图的哲学理念，学园开设这些课程，是为了通过知识学习塑造学生的心智，使学生从注重感觉经验的虚幻不定的现象世界转变为强调理性思维的永恒不变的理念世界。

如果说柏拉图使博雅教育课程系统化，那么亚里士多德则使博雅教育的内容向纵深方向推进。他首次提出教育应"效仿自然"的原理；以儿童和青少年的生理作为教育的依据，发展人的非理性灵魂；教育应以情感道德为主等，这是具有开创性的博雅教育内容。亚里士多德主张，在初等教育阶段以阅读、书写、体育锻炼、音乐和绘画为主要学习内容。目的是促进人的身心和谐发展。体育使人健壮、勇敢；音乐、绘画使人享受闲暇时光，陶冶性情，让身心自在自由发展。高等教育阶段，为了发展人的理性，除了学习逻辑（Logic），数学、几何、天文、音乐外，要使哲学独立于各种学科之上，成为一个综合学科。西方人对于博雅教育应该包括哪些基本训练，以及这些训练的目的何在，都已经逐渐形成共识。这种教育的目的不在于训练专业技术能力，而在于培养广博通达的智慧。它通过基础人文学科与自然科学的教导使受教者具备良好的表达、推理、反省能力，以及对抽象艺术形式的感受能力。

在罗马共和国时期，西塞罗（Cicero）所列举的博雅教育科目包括天文、文学、诗学、自然科学、伦理学、政治学。在西塞罗时代，能够在大庭广众之下开口发表演说是一个政治家的基本素养。通过自由艺术——文法、修辞、算术、几何、天文和音乐理论来提高政治家的雄辩能力和素养。

[1]江宜桦.从博雅到通识：大学教育理念的发展与现况.政治与社会哲学评论，2005（14）.

古希腊古罗马博雅教育从西尼卡（Seneca）之后，最明显的特征是在理性的基础上探讨知识对心灵重建的重要性以及知识与存在的关系。尹知章（旧题房玄龄）注曰："心者，万物由之以虑，万里由之以断，云为莫大焉。故谓之道。"[1] 天下万物都是用心灵来思考和决定的，因此，用知识滋养心灵，用知识重建心灵的秩序，知识的成就会满足和充实心灵，达成心灵接近善的目的。心灵的独特活动是追求知识，追求知识即追求心灵的善，善是一切正念的聚合。博雅教育正是基于对人心灵的重建、通过知识发掘和施展个人天赋，最终实现个人精神上的自由。

知识与存在则在于正确运用理性去发现宇宙的本质和秩序，理解最终不变的实在。基于以上，博雅教育所要彰显的不仅是达成心灵的善和自由，还是能自由自律地运用心灵，使其免于错误与生活于幻象之中，并让行动自由免于犯错。

总之，古希腊古罗马博雅教育对人类共同利益做出了重要贡献。首先，重视古典文学、艺术及哲学；博雅教育是"自由人"的教育，也是使人"自由的"教育。其次，古希腊古罗马博雅教育培养出一批杰出的、伟大的对人类产生深远影响的人物——苏格拉底、柏拉图、亚里士多德、西塞罗等。同时他们也成就了博雅教育、拓展了博雅教育的内涵和外延，把博雅教育从教育目的、教育内容到教育方法都提升到一个新的高度。

二、中世纪博雅教育的内涵及其对人类共同利益的贡献

（一）中世纪博雅教育的对象、内容及组织形式

中世纪在经历蛮族入侵的动乱之后，逐渐恢复了有利于学术发展的社

---

[1] 余英时著. 中国知识人之史的考察. 广西师范大学，2004，20.

会。蛮族的入侵一方面对社会生态造成了破坏，但另一方面也带来了文明的交汇、融通，使一种文明具有更大的包容性。先进的文明形态可能被蛮族武力征服，但先进的文化同样可以征服和同化蛮族，古代中原文明就是例证，因此，蛮族入侵可能会在某种程度上造成大面积的毁灭，但对整个西欧文明而言可谓是注入了新鲜血液，战争往往是文明变革的催化剂。

中世纪的博雅教育与古希腊和古罗马相比，内涵和外延都有所扩展。主要表现在博雅教育的对象、内容、组织形式、目的，这些方面与古希腊古罗马相比都有所延伸和拓展。第一，就博雅教育对象而言，由于基督教奉行上帝面前人人平等，因此在中世纪除了贵族、上层社会的人，一般的平民也学习神学和一些博雅教育科目。举例而言，与七种博雅学科相对的是七种操作技艺（The Seven Mechanical Arts），包括纺织、制铁、军事、航海、农耕、狩猎以及医疗。这些科目不像博雅学科那样必须预设闲暇时，但是它们在平民中也有一定的尊严。[1] 博雅教育这种对不同学科的包容性在中世纪得到了很大的发展，也为后来的通识教育奠定了基础。第二，就学习内容而言，古希腊、古罗马博雅教育主要是学习"七艺"，但在中世纪，除了学习传统的博雅科目文法、修辞、辩证法、算术、几何、音乐和天文学，还扩展到神学、医学、法学等。第三，就博雅教育的组织管理形式而言，各种教学组织管理形式纷纷出现，例如教会教育组织管理机构中的基督教学校、教理学校、修道院学校、主教学校。在中世纪，凡主教所在的总教堂、教区教会、修道院与女修道院都办有教会学校，目的在于训练僧侣读写思辨、阐释《圣经》的能力。大约在12世纪左右，部分教会学校除了训练僧侣，也提供并发展俗人教育的课程和组织管理机构，如宫廷学校、骑士教育、行会教育、城市教育学校等，主要是训练学生成为具

---

[1] 江宜桦. 从博雅到通识：大学教育理念的发展与现况. 政治与社会哲学评论，2005（14）.

有教学能力的老师。在客观上，教会学校保存了文化并为文化传播做了准备。中世纪高等教育组织管理机构——"大学"出现，University 这个词最初的意义是指类似"行会"（Corporation or Guild）的组织，它提供某些特定知识技能的教育训练与资格鉴定。行会就是为了保护本行业利益而互相帮助、限制内外竞争、规定业务范围、保证经营稳定、解决业主困难而成立的一种组织。第四，就博雅教育的目的来说，古希腊古罗马主要为了使自由民、贵族、上层社会的人身心自由、和谐发展并使他们成为能处理个人事务和公共事务的公民、政治家、雄辩家等，但到了中世纪，博雅教育的目的主要是培养学识渊博、技艺精湛的神学家（像托马斯·阿奎那那样的人物）、医学家、法学家、哲学家、文学家及数学家等。

（二）中世纪博雅教育特征——学科的一体性与完整性

长期以来，对博雅教育似乎有某种狭隘化的理解，一提到博雅教育就将其等同于文科教学。其实在博雅教育诞生之日，学科是没有被分化为文科、理科、工科等类别的，而且博雅教育科目"七艺"中的文法、修辞、辩证法、算术、几何、音乐、天文学没有高低贵贱之别、文理各异之分，它们是一个完整的知识体系，无论你想成为哲学家也好，科学家也罢，七艺是必修课。欧洲中古世纪的博雅教育范畴包含了文法、修辞、逻辑、几何、代数、音乐、天文等科目，亦即是跨人文与科技的全人教育。正是这种知识的整体性培养出了像苏格拉底、柏拉图、亚里士多德、托马斯·阿奎那等那样的"全才"，称亚里士多德为世界古代史上伟大的哲学家、科学家、伦理学家、诗人、作家、生物学家、政治学家、物理学家、动物学家、逻辑学家和教育家等都不为过，亚里士多德身为柏拉图的学生不辱师门，亚历山大大帝的老师当之无愧。他的著作包含许多学科，包括了物理学、形而上学、诗歌（包括戏剧）、生物学、动物学、逻辑学、政治学、行政学，以及伦理学。亚里士多德和柏拉图、苏格拉底一起被誉为西方哲学的奠基者。亚里士多德的著作是西方哲学的第一个广泛系统，包含道德、美学、逻辑、科学、政治和玄学。公元前335年，他在雅典办了一所叫吕克昂的学校，被称为逍遥学派。马克思曾称亚里士多德是古希腊哲学家中最博学的人物，恩格斯称他是古代的黑格尔。

学科被分化、被肢解后人类还能培养出像亚里士多德这样的全才吗？博雅教育中的"博"即广博之意，它涵盖了人类的一切知识和智慧；雅，就是使灵魂高贵、心灵高雅的教育，如何达成高贵和高雅呢？那就是习得广博的知识，陶冶心灵，形成智慧、理性、高雅、高贵的精神境界，同时澄明其自我意境而形成理想的人格类型，这就是博雅教育。

（三）中世纪博雅教育的价值与深远影响

一直以来，总有学者喜欢将中世纪定性为人类最黑暗、最野蛮、最惨无人道的时期。不可否认，中世纪的教育、教会的行为和做法的确有很多部分不能被接受，理应被谴责。但也不能因此就全面否定中世纪，看不到中世纪为人类留下的财富，因此对中世纪的存在意义以及对教育的贡献须持谨慎态度理性评价。

中世纪真的如有些学者定性的那么不堪？为什么如此黑暗的时代身后却站着一个又一个文艺复兴的巨人呢？这些杰出天才源于何处，难道他们没受过中世纪教育带来的恩惠？是外星人还是空降兵？与中世纪的教育没丝毫关系？两个相邻的时代真的会彼此是"断崖式"存在？彼此之间没有任何交集？为什么如此黑暗的时代会建立人类最早的医学院——萨莱诺大学，最早的法律大学——波隆那大学，更不要说建立了到今天依然雄霸世界的巴黎大学、牛津大学、剑桥大学、海德堡大学和科隆大学。据统计，到14世纪，新建立的大学意大利有18所，法国有16所，西班牙和葡萄牙共有 15 所。到 1400 年，全欧洲新建立大学 23 所，1500 年又设 35 所，前后共计约 80 所。到 1600 年，大学总数为 105 所。[1] 今天听到这些中世纪建立起来的大学名字依然如雷贯耳，因此，不能无视这些大学为人类的进步、文明和人类共同利益所做出的贡献，人类不能一边享受前辈带来的恩惠，一边极尽苛责之事，这有悖常理也不厚道。如果前文提到中世纪建立的大学数量只是一些数字的聚合，不能说明中世纪对博雅教育思想、内容、组织管理形式、目的以及对哲学思想、神学思想、文化保存、医学、法学、大学的思想等的贡献。那么梳理这些大学的来龙去脉、思想沿革将更有助于理解中世纪的博雅教育的本质，更有助于客观评价中世纪教会对文化教育的保存与贡献，以及对人类共同利益的贡献。

　　12 世纪开始，欧洲早期的大学陆续成立。这些大学的前身要么是教会学校，要么是由基督教徒所创办。在 12 世纪之前，高等教育主要是随着学者转移，哪里有著名学者聚徒讲学，哪里就是一所无形的高等学府，培养学生美德、勇气并启迪学生智慧，著名学者就是这所大学的精神领袖、掌舵者，也是知识和智慧的拥有者和引领者。12 世纪之后，特定地方逐渐形成学生聚集学习的固定场所，由学生来招兵买马自己组建大学，史称"学生大学"。在这里，学生是大学的组织者、管理者，由学生招聘老师来教他们学习。大学变成一个集合"学科""住宿学院"固定课程、考试与毕业文凭等要素的特殊机构。并且，逐渐发展出众所周知的"以学生为主体"的"南方诸大学"模式——萨莱诺大学、波隆那大学，"以教师为主体"的"北方诸大学"模式——巴黎大学。在中世纪，即使专科大学也采用的是博雅教育。闻名遐迩的疗养胜地意大利医科大学——萨莱诺大学位于经济发达、城市繁荣、风景秀丽、气候宜人、矿泉资源丰富的欧洲，到 11 世纪，该校成为医学研究中心。这所医科大学在以"七艺"和医学为

---

[1] 戴本博著.外国教育史・上.人民教育出版社，1989，230.

主要教学内容的基础上培养学识渊博、品行高贵、技艺精湛的医生。中世纪最早的大学被称为 Studium Generale，其意为"探索普通学问的场所"。中世纪大学给学生传授综合性的、普遍的学问和知识，是实施博雅教育的学术机构不是职业训练所。从中世纪大学博雅教育的目的、内容、教学方法、教学组织形式可以看出中世纪的大学丰富了博雅教育的内涵。中世纪大学所教导的基础科目与罗马时代人文教育的内涵异曲同工，它们进一步把博雅教育的学科数目确定为七门，但是教育的内容根据需要去拓展。这七门博雅学科分成几部分，第一部分包括文法、修辞、逻辑，为语文相关学科，统称为"三文"；第二部分包括数学、几何、天文、音乐，为数学及自然科学等相关学科，统称为"四文"或"四艺"。修习前一组的学生可获得学士学位（Bachelor of Arts Degree），修习后一组的学生可获得硕士学位（Master of Arts Degree）。这两组科目虽然统称为"七艺"，但其实它们都不是专业技艺，而是比较广博的学科。一个医生也好，律师、神学家也罢，都采用博雅式的全人教育，现代学位制度、学科体系、组织管理模式已初见雏形。

三、文艺复兴时期博雅教育的"新面孔"——人文主义教育

文艺复兴时期的人文主义教育者主张重返古希腊古罗马，通过接触古希腊古罗马博雅教育精神和文献来丰富和陶冶人们的心灵，人们从那些伟大的作品中发现用优美语言表达的最高智慧和对"善"与"理性"的追求。古希腊古罗马为人类留下了一笔取之不尽用之不竭的精神财富，当中世纪宗教和神学过度发展，走向极端，并将人类带入迷途时，这些人类的精英倡导重回古希腊古罗马寻找被人类暂时遗忘的伟大思想、伟大作品，从那

里整装出发，重回正道。古希腊古罗马给人类留下的经典艺术作品、文学作品、百科全书式的思想与文献像一盏永不泯灭的智慧之灯照亮人类前行的方向。古希腊是西方文明的起点，同时也是近代西方教育的源头。文艺复兴时期的人文主义教育者为古希腊古罗马的"博雅教育"赋予了新意义和身份即"人文主义教育"，用这个新的身份，博雅教育在文艺复兴时期完成了自己的蜕变。文艺复兴时期的人文主义教育思想进一步拓展和延伸了博雅教育的内涵和外延。为人类的思想宝库又增加了一颗璀璨明珠，照亮人类前行的方向，使人类走在了智慧和阳光的庄康大道上并渐行渐远。

（一）文艺复兴时期人文主义教育对人类思想解放的贡献

14～16 世纪欧洲掀起一场反封建、反神学的人文主义新文化运动，即"文艺复兴运动"。文艺复兴时期是欧洲封建制度逐渐解体，资本主义逐步发展的时期。手工业在意大利北部逐步发展起来，封建贵族阶级逐步瓦解，市民阶级发展成为新兴的资产阶级，经济和政治地位不断强大，同时生活方式上也发生了很大变化，他们追求现世的享乐方式，对宗教的信仰、对上帝的敬畏之心已消失殆尽。新兴资产阶级和新兴贵族重视个人的价值，为了冲破教会的意识形态，建立自己的世界观，他们主张重回古希腊古罗马，因此，在中世纪一度沉寂的古希腊古罗马文化又重新回到了人们的视野，这就是新人文主义思潮的背景。

从中世纪末期到 16 世纪的文艺复兴时期，人文主义主张以"人权"代替"神权"，以"现世的享受"取代"禁欲主义"，"为自己幸福而活"取代"为了取悦上帝而活"。人文主义者认为肉体是灵魂存在和获得幸福生活的条件，故非常重视发展人的身体力量，主张通过各项体育活动，使人具有健康、协调、敏捷的身体。这个时期的艺术、文学、建筑学都深刻地表达了这一主题，人必须按照人性的自然要求去生活，去追求正常的享乐；反对教会利用神的权威愚昧人，主张发展人的理性和智慧。

人文教育不是文科教育，而是通过完整的知识体系，形成内在心灵的统整，来塑造人类的精神长相、唤醒心灵的觉醒，从而让人类精神面貌美丽、文雅、柔和、光鲜亮丽。传统上，文艺复兴时期的人文主义称为古典人文主义。

（二）文艺复兴时期人文主义教育目的和教育内容

文艺复兴时期人文主义教育目的与中世纪博雅教育目的相比更加世俗化，文艺复兴时期是一个天才辈出的时代，思想家、教育家像雨后春笋般出现。人文主义教育家们新颖、独特的教育思想引领着这个时代的人文主义教育的目的和走向。随着资产阶级的兴起，人文主义教育者将青年一代从经院主义哲学教育中解救出来，用科学知识武装青年一代的头脑，把最新的科学知识、最新科研成果请进课堂，让青年学子更深刻地去认识世界。这个时期的智育不仅重视传授知识，而且注意发展智力，要求在教学过程中激发求知欲望和培养思考能力。文学、艺术的空前繁荣，促进了人文主义教育重视审美能力的培养。学校中设置音乐、绘画等科目，加强了美育的实施。在德育方面，改变了以宗教思想为中心的状况，要求用人道主义，自由、平等、享受、幸福的道德观进行教育。总结起来，文艺复兴时期的人文主义教育目的主要如下所示：

第一，主张"完全公民教育"培养身心和谐发展的完整公民，即"受过良好教育的完全公民"。这是对古希腊博雅教育思想的升华，在古希腊亚里士多德阐述了培养和谐发展的人的教育思想，认为，博雅教育的目的就在于培养道德高尚身心和谐发展的人。到了文艺复兴时期，人文主义教育家又重申和深化了这一主题——即"教育的目的在于培养身心和谐发展受过良好教育的完全公民"，这种人应具备高尚的道德、健康的体魄、灵活的头脑、渊博的学识、有社会责任感，能胜任管理国家、教会和工商业事务。教育是如何达成这一目的呢，是通过一个切实可行的课程体系。对未来的公民要实施体育、德育、智育并重的教育方针，内容丰富的人文主义课程是不容忽视的课程。具体到不同阶段就是在初级阶段进行读写算的基本训练，到了中高等阶段学习拉丁文、希腊文、修辞学等传统的文化课程，并增加了数学、天文、历史、体育、《圣经》、文学等。

第二，培养身心和谐发展的"完整的人"。教育的目的是培养身体和心智都得到很好发展的人，著名的人文主义教育学家、思想家、散文家蒙田关于"完整的人"的内涵，他做出了这样的解释，"只使他的心智健全是不够的，还必须增强他的体力，如果心智得不到体力的支持，就要受到过分的压力；要心智一身而二任，未免太难了。"[1] 蒙田引述并赞同柏拉图的观点，"心智和身体绝不能一个得到训练，而另一个没有被训练，两者同样需要指导，好像两只马匹配起来合力拉车一般"，[2] 他强调"我们所训练的，不是心智，也不是身体，而是一个人，我们绝不能把两者分开。"[3]

为了实现教育目的，强调教育必须使所学科目适合学生的年龄和兴趣，注重德性、品格的培养，把学识和品行结合起来作为教育的共同目标，为了达成这一教育目标，学生除学习拉丁语、希伯来语、希腊语、"七艺"外，还增设了人文和自然知识方面的课程，到文艺复兴后期已发展到近20个学科，计有文法、文学、历史、修辞学、论理学、伦理学、算术、代数学、三角法、几何学、地理学、植物学、动物学、物理学、机械学、化学、音乐等。另外，人文主义教育家拉伯雷在《巨人传》中为高大康接受人文

---

[1] 华东师范大学教育系，浙江大学教育系.西方古代教育论着选.人民教育出版社，2001，380.

[2] 华东师范大学教育系，浙江大学教育系.西方古代教育论着选.人民教育出版社，2001，395-396.

[3] 华东师范大学教育系，浙江大学教育系.西方古代教育论着选.人民教育出版社，2001，395.

主义教育而设计的一个课程体系——高大康的百科全书式课程计划，这是文艺复兴时期以及后来都非常有影响力的一个课程体系，在这个课程体系中：在语言方面，首先，学习希腊文，其次是拉丁文，再次是希伯来文，会希伯来文可以把《圣经》学得更精，加尔底亚文和阿拉伯文也同样要学；在文字语法方面，希腊文要学习柏拉图，拉丁文要学习西塞罗。有关地理及宇宙学的作品也要学。在文艺方面，几何、算术、音乐、天文等，要把所有的规律都要学。在法律方面，要把公正的条文全都熟读，然后再理智地加以比较。至于自然界的事物，也要仔细研究……总之，要变成一个知识渊博的人为国家效力。这是非常了不起的课程拓展，为资产阶级的兴盛和发展储备了大量的人才。

（三）文艺复兴时期人文主义教育的特征

首先，教育组织机构"世俗化"，教育内容和对象的"扩大化"，教育教学方法的"人性化"。中世纪教会控制着初等和高等教育，从教育目的到育内容都与宗教紧密相关。但是文艺复兴时期，以世俗学校或大学的建立和发展为依托，摆脱或减少了教会对教育的控制和影响，世俗学校的兴起、世俗课程取代了宗教课程成为主要的课程模式。教学方法"人性化"，如意大利人文主义者维多里诺的"快乐之家"的教育实践充分体现了人文精神并倡导自由教育。招生对象有贵族子弟也有富有天分的贫苦学生，并免费提供给他们衣服和食物。对学生实施自由教育，培养全人。从教学内容方面，除了学习古希腊古罗马的古典作品，中世纪已有的课程——文法、文学、历史、几何、地理学、天文学、力学、修辞学、辩证法、算术、音乐，还重视恢复古希腊的体育、德育、智育、美育等多方面教育。在智育方面还增加了人文和科学方面的课程，实际的需求扩大和丰富了教育内容。在教育教学方法方面，人文主义学校反对经院哲学的教学方式，反对教会教学基于"原罪论"对孩子进行的体罚、鞭笞；反对死记硬背和填鸭式灌输，教育强调尊重学生的天性和个性，主张学生自治，减少惩戒，禁止体罚，尊重孩子的个性主张快乐的学习，尊重孩子的身心发展规律。具体的教学方法在夸美纽斯的《大教学论》中有详尽的论述，如直观性、巩固性、系统性、循序渐进性、量力而行等教学原则，激发学生求知欲，提倡参观和兴趣、激发学生主动性和积极性用生动活泼的新式教学方法等，这种基于对儿童天性被尊重、被保护的教学方法在教学中体现为对儿童的热爱、尊重、相信。除此之外，荷兰教育改革家赫吉亚斯的"德文特学校的教育实践"、伊拉斯莫尔建立的"圣保罗学校"等世俗学校，同样实施"人性化"的教育教学方法。

其次，培养目标的"世俗化"和"实用化"。中世纪教会主导的学校主要培养僧侣和神职人员，而文艺复兴时期的人文主义学校已发生了重大转变，培养目标从过去主要培养神职人员转变为培育身心健全、知识广博、多才多艺、敢于进取、善于开拓的社会活动家、事业家。人文主义学校要求恢复古代希腊的博雅教育思想和内容，进行包括世俗道德和资产阶级道德观在内的道德教育，反对神性、神权、宗教束缚，倡导人性、人权、个性、人的尊严，追求个性解放、自由和现实的幸福等。从而培养多方面和谐发展的人。

最后，对"人"的重新定义和解读。文艺复兴运动用人文主义冲击宗教神权的束缚，以解放人们的思想。在文艺复兴影响下的宗教改革也表达了人文主义的诉求，冲击了罗马神权的统治。批判神权、鼓励人性解放和思想自由是文艺复兴时期人文主义的特征之一。文艺复兴的核心是人文主义，人文主义思想核心是以"人"为中心，对"人"的重新定位与认识发展出对人的种种新看法，肯定人的价值和尊严，认为人是现实生活的创造者和主人，反对基督教的来世观念和禁欲主义，提倡追求自由、幸福和物质享受，鼓励个性解放和冒险精神，崇尚理性和科学，追求知识。文艺复兴时期的人文主义对人类共同利益的贡献在于重新确立了"人"在宇宙中的地位和尊严，主张个性解放、人生而平等、人的尊严神圣不容侵犯，人为了追求个体的幸福而活着。文艺复兴时期的人文主义教育乃是近现代资产阶级教育的开端，它在反对经院式教育的过程中提出了新的教育目标、扩大了教育的内容、探索了新的教学方式，这种探索是难能可贵并产生了极其深远的历史影响，并对人类共同利益的做出了巨大贡献：首先，打破了中世纪神学对人精神、思想的束缚；其次，对古希腊古罗马学术价值进行重新界定，并赋予其新内涵；再次，"人"回到了宇宙的中心，"神"回归神位，重视现实的幸福和责任，放弃了"对来世的"执念，开启了"认识你自己"的新模式。

四、启蒙时代的人文主义教育及通识教育的出现

（一）启蒙时期的人文主义教育

现代西方学术的传统包括探究客观存在的精神、探究宇宙中所秉持的理性精神，以及人文情怀、人文精神都肇始于启蒙运动。1660 年前后，机械论宇宙观的出现开启了科学时代。科学时代在思想上带来的变化表现在三个方面：[1] 一是破除了对旧有知识和古代权威的盲从，依靠当代人思维大胆求知，强调科学的自主性和思想的自由；二是强调知识的实用性，建立新的知识价值观；三是否定了宇宙的神秘性，而代之以机械论的科学性世界观。科学技术得到了前所未有的尊崇。实用主义哲学大受欢迎，实用性是决定价值的最高标准，忽视人生的兴趣、情操，以及其他高尚精神理想，在自然主义和实用主义的影响下，机械人生观产生。同时，在政治领

---

[1] 张斌贤主编.外国教育史.教育科学出版社，2008， 216.

域，17～18 世纪的启蒙运动对欧洲旧的政权与封建传统进行了犀利的批判，诞生了具有深远人文精神并影响的思想家——伏尔泰、孟德斯鸠、卢梭、康德等，他们主张每个人都是独立的、自主的，不是绝对君权下的奴隶，如卢梭声称"人生的价值是由自己决定的"。法国启蒙思想家们高举理性的旗帜，批判宗教迷信、专制制度和等级制度，把人们从长时期的思想束缚中解放出来，强调人权与人的尊严，宣布人权神圣不可侵犯。文艺复兴集中于文学艺术领域，启蒙运动则集中在政治思想领域。此外，文艺复兴还提倡人性。

19 世纪德国所形成的思想称为新人文主义，代表人物以温克尔曼、席勒、歌德等人为主要代表人物。核心则是通过"形式教育"培养完全的人及和谐的统一体，新人文主义教育思想重视人类身心和谐发展，尊重个性、民族和历史，通过美育培育身心健康发展。

新人文主义教育，反对唯物论、自然主义、实证论及机械主义，注重精神生活，主张教育遵守和重建心灵的秩序。心灵是一切精神活动的本源。

（二）启蒙时期通识教育的出现

人文教育为什么会在科学主义时代华丽转身，一跃成为通识教育？因为科学教育与人文教育在大学课堂中相互角逐，通识教育与人文教育相比，他与人文主义教育和专业教育的关系更融合、内涵更丰富，更适合新时代。科技的急剧发展，传统的凋敝，人文教育价值一次次被忽视、专业教育与人文教育严重失衡，导致了诸多的危机：环境危机、资源危机、战争冲突等无不与人文教育的缺失有关。因此，人文主义教育重新回到人们的视野，被再次关注，但是人文主义教育无法力挽狂澜，这一使命必须交由通识教育去完成。通识教育的目的就是在专业化时代提升人的尊严和价值，培养个体自我实现、自我觉察的能力。通识教育基本理念的实施，不但使人类重新正视今日面临的问题也能适应现代与未来社会变迁的需要，致力于保护人类的共同利益。正是因为如此，通识教育的价值在科技主义盛行的时代，其价值不可估量、不可忽视，对人类的共同利益意味深远。

五、通识教育是治愈"工业文明综合征"的一剂良药

（一）"工业文明的综合征"以美国为例

人类在从农业社会过渡到工业社会，或重或轻地患上了"工业文明综合征"。工业文明的弊病初见倪端，以美国为例，在经济领域，金融寡头、托拉斯主导经济走向，随着生产和资本日趋集中，垄断公司成为经济组织的主要形式，工业资本与银行资本相互渗透。垄断公司主宰了整个美国的经济生活，给经济秩序造成了巨大危害。贫富分化加剧，底层民众的生活日益艰辛，加剧了阶级对抗。为改善恶劣的工作环境，工会组织频繁发动罢工，各种抗议活动风起云涌。在政治领域，政治腐败在社会转型时期变得空前严重，加剧了美国政治结构的危机，金融寡头操作政治，财阀通过贿赂、欺诈等不法手段控制各级政府的各类权力机构。

在美国转型时期政治腐败的另一表现就是政客拉帮结派，相互勾结致使党魁政治在工业化和城市化进程中猖獗一时。财阀操作政治、操纵城市选举，把持市政决策权，获取不当利益。在社会领域，工业时代城市的快速扩张带来了一系列严重的社会问题。诸如：城市贫困人口不断增加，城市卫生环境恶化，城市道德败坏，市政腐败严重，城市贫民窟的与日俱增形成了一个庞大的贫困阶层，由此带来的犯罪和流行病等问题日益严重。

这一时期美国的自然资源遭到掠夺式的开发和利用，浪费和破坏现象令人触目惊心。浓厚的烟尘笼罩着新兴的工业城市，工业废水、污物直接排入当地河流，人们的生存环境受到严重威胁。工业发展带来的生态问题，

自然资源遭到掠夺式地开发和利用，浪费和破坏现象令人触目惊心。浓厚的烟尘笼罩着新兴的工业城市，工业废水、污染物直接排入当地河流，生存环境受到严重威胁。

（二）大学实施通识教育对"工业文明综合征"治理

美国社会意识到 19 世纪末美国工业取得的成就是以牺牲道德为代价的。究其本质，经济问题是一个道德问题，保护自然资源也是一个道德问题，反托拉斯也是一个道德问题。总之，要解决"工业文明的综合征"，必须从道德入手。这样教育的责任和所扮演的角色就凸显出来了。当时的哈佛大学校长罗威尔呼吁，哈佛培养的美国未来的经营者和管理者要信守基本的道德规范，要珍视传统社会的价值观，形成共同的文化。首先，未来的社会公民应该在某一领域有建树；其次，应具有较高的人文素养和人文情怀，有向善的本性。哈佛大学作为美国社会的一个重要的精神堡垒，在美国社会中扮演着重要的角色。面对社会的各种危机，对教育进行深度改革来缓解危机是非常必要的，毋庸置疑，教育一向是一种不错的挽救社会生活中的道德危机的途径。

面对社会转型过程中经济秩序的混乱、政治管理的腐败、城市人口的贫困、自然环境的破坏等问题，美国在 19 世纪末 20 世纪初开始了一场进步主义改革运动，这场改革发端于民间社会和地方政府。如何治理"工业文明综合征"，社会问题其本质是一个道德问题，而道德问题必须从教育问题入手，这在美国社会很快达成共识，改革大学教育刻不容缓，如果大学继续实施以工具理性主导的功利主义专业教育，为了趋利避害、追求利益最大化，必然引起人与人的对立，人与自然的对立，从而加剧"工业文明综合征"，大学掀起了通识教育改革，以培养一批受过良好大学教育的精英阶级推进社会改革。以哈佛大学在埃利奥特时期拉开了影响深远的通识教育改革的序幕，从培养目标、课程设置、教学方式、教育教学管理等方面都进行了深刻的变革，哈佛大学的通识教育改革给东西方大学改革都树立了典范。

事实证明，决策者做了对的决定，大学培养的社会精英阶级毕业后作为社会工作者活跃于各个领域，扮演着一种新兴的社会角色。成立"定居救助之家"，在住房、教育、营养、公共卫生等方面为城市贫困人口提供援助；大力推动禁酒运动，规范社会转型时期的个人行为，洗涤"社会罪恶"；关注犯罪问题，在全国范围内发起反童工运动；有的积极投身于女权运动，不仅为妇女争取选举权利，而且为女性劳工争取保护性立法。市政改革者们和一些政治改革派人士，从管理效率和科学性方面对城市和州政府进行改革。在市政结构改革中，诞生了城市委员会制和城市经理制，它们至今仍在美国市政管理中具有强大的生命力。这些社会治理为美国的社会文明进步奠定了基础，成为促进公平正义的重要动力。

在西方社会，事实上曾经有一段时间，许多大学都放弃以博雅教育作为大学核心教育的理想，而放任学生自己决定要选择哪一种专门学科，或选择哪一些感兴趣的科目。学校在大学生的修业规划上采取放任态度，由于学生只熟悉单一学科的知识体系，对其他科系或领域的知识一无所知，因此他们在沟通上极为困难。更重要的是，在欠缺传统博雅教育的熏陶下，大学生似乎逐渐丧失了自我探索、批判反省，以及创新突破的能力。在此背景下，许多大学又纷纷恢复要求学生修习某些共同基础学科的制度。当然，这种发展并不是普世皆然，譬如德国与英国的博雅教育主要集中于高中阶段，因此大学本身并不热衷推行任何共同必修的基础教育。但是有一个国家、有一个大学例外，那就是美国的哈佛大学。哈佛大学的四次通识教育改革意义非凡，对人类共同利益的影响深远。

西方工业文明综合征迫切需要引领社会精神走向的大学有所作为。但是 19 世纪、20 世纪的美国大学并没有肩负起自己的使命和职责，正如美国学者赫钦斯批评的那样，当时美国的大学太过媚俗和过功利化，一度沦落成一个职业培训机构，失去了大学精神。赫钦斯认为，大学的任务是培养"通才"，而不是训练职业技能。理由有以下几点：第一，任何职业人都有相当的学识基础，这基础在文理方面，因为一个人的生活不只是在职业——工作，而是要从事整个的生活。没有了哲学基础就没有了生活指引；没有了文学基础，便失去了生活意味；没有历史的基础便不会统整生活；没有数学基础，便不会有条理的思考。第二，由于科学进步，技术改变速度加快，若靠在学校里学习技术，在学生毕业之时，学校学习的技术可能已经落伍。第三，技术靠训练来学习技能，任何复杂的技能，都用不着经年累月的学习，只有短期的培训就够了。第四，技术的应用，在于工商业方面，这些营利机构，应该自己训练工作人员，不应该要国家以大量经费来替他们培养人力。第五，在工作机构去学习工作技能，是最实际而有效的，因为学校里无法提供那么切合实际的工作环境，在学校所学的，到工作环境中，必然有不相符合的状况，结果还是要重新学习，是资源的浪费。

第二章 彰显人文精神的儒家文化

第一节 儒家文化所蕴含的通识教育思想

一、先秦儒家教育中人文精神与古希腊人文教育的相通之处

（一）儒家思想所体现的人文精神

通识教育由人文教育演化而来，人文教育就是教育关注人的价值，人文教育不仅是知识传授，也是一种认识体系、价值体系与伦理体系。如果说科学精神是预设人正确地做事，那么人文精神则暗含了人选择正确的事去的伦理价值观，人文价值观早在先秦时期就体现在敬德爱民、以民为本的思想中，以孔孟为代表的儒家学说，以"仁"为核心，"仁者爱人""民为贵，社稷次之，君为轻"（出自孟子的《尽心章句下》）这种强调对人的自我价值的尊重和人文关怀这是古代教育思想对人文精神最好的诠释，中国古代的教育洋溢着人文气息。

中国史籍中"人文"一词最早见于应溯源至《周易》〈贲卦〉，〈贲卦〉象曰："观乎天文以察时变，观乎人文以化成天下"。从此卦中，可看出所谓的人文是以人的能力、人的作为来构成一个世界，来构成一个传统，这样的意思只是在说明人在宇宙中的地位，人在自己世界中所有的力量。[1]

孔颖达《周易正义》云："观乎人文以化成天下者，言圣人观察人文

---

[1] 郭为藩著.转变中的大学：传统、议题与前景.高等教育出版社.2004，141-142.

则诗书礼乐之谓当法此教而化成天下也"。[1] 孔颖认为，圣人观察人文则诗书礼乐之谓当法此教而化成天下，即诗书礼乐当效法"人文"，古人用"诗书礼乐"陶冶知识分子使之成为"士"或"君子"。人文化成的作用在将一个可发展的禀赋陶冶成一位有教养的人，增加其人文的附加价值，如同一块木头经过精工雕刻（人文化成）成为艺术品一样，这就是文化价值的创造，人文也在于塑造人的精神世界的仁慈和大爱。关于"人"的理念，"东汉许慎著《说文解字》说："人，天地之性最贵者也。"[2] 因此，"万物为轻，人为贵"这一观念在中国几千年的文化中深入人心。在《释名·释形体》曰：人，仁也；仁，生物也"。按天地以生物为心，天地之仁也；人同此为仁心，故云天地之性最贵者也，[3] 人之所以最贵是人与生物相比具有仁爱之心，儒家文明最不欠缺的就是，这种对人的尊严的定位。

《易经》〈干卦〉象曰："天行健。君子以自强不息"；[4] 〈干卦〉九五爻辞曰："夫大人者。与天地合其德。与日月合其明。与四时合其序。与鬼神合其吉凶"；〈说卦传〉第二章言："昔者圣人之作易也。将以顺性命之理。是以。立天之道。曰阴与阳。立地之道。曰柔与刚。立人之道。曰仁与义……"[5] 在天地宇宙中，人之所以为贵，在于人具备仁义之举、仁爱之心、顺应人天秩序、顺性天理、立于天地间中正之位。故此，在中华优秀的传统文化中通过人文教育来塑造君子的品行和成就仁义道德的教育几乎是一种常态。

《孟子·腾文公下》曰："夏日校，殷曰序，周日库，学则三代共之，

---

[1] 李广柏.中国历史上的人文主义思潮.华中师范大学学报，2001（4）.

[2] 许慎著.徐铉校.说文解字.中华书局，2013，423.

[3] 莫小新."人体文化"与"身体文化"辨析.江苏技术师范学院学报，2009（12）.

[4] 杨天才，张善文译注.周易.中华书局，2011，8.

[5] 杨天才，张善文译注.周易.中华书局，2011，2.

皆所以明人伦也。"[1] 所谓明人伦便是讲明做人之道,无论是自省还是省人,终始不脱"人"字。人文教育的核心就在于对人的关注和关爱,就这一点而言,中国的儒家文化体现的人文价值比同时代的西方更为明显。以孟子的观察,认为夏商周三代的教育全是环绕"人"为核心展开,中国古代教育对人的关注至深。其中,西周的教育制度尤其对后世产生很大的影响,此后三千多年的中国古代教育制度可说是在西周的基础上不断变化和发展。[2]

《周礼·地官》中载:"大司徒以乡三物教万民而宾兴之。"乡三物是指,德、行、艺,其中德包括知、仁、圣、义、忠、和,并称六德;孝、友、陆、渊、任、恤,并称六行;礼、乐、御、射、书、数,并称六艺。[3] 西周的教育是学在官府,政教合一,以官为师,在西周时期就已经有了完备的教育体系,教育对象、教育内容、教育方法都被一再地论述,以贵族子弟为教育对象,接受以礼乐为中心的文武兼备以六艺内容的教育。礼:包括政治、历史和道德教育;乐:属于综合艺术,包括音乐、诗歌和舞蹈;射手曰御,是以射箭、驾车作战为主的军事技术训练;书和数则是包括读写算等基础知识课程。西周统治者要求学生在学习上涉猎广泛,文武兼备,方能有效治民。周成王曾对伯禽说:"夫有文无武,无以成天下;有武无文,民畏不亲;文武俱行,威德乃成。"[4] 周公秉持文王明德修身的原则,制礼作乐以治天下之礼,用于维护各种人伦道德规范之乐是通过音乐、诗歌、舞蹈等艺术,使学生从情感上接受道德的教化,礼乐互为表里,共同完成德育的任务,他白为官施政,便能化育人民,改良风俗,教化远近之

[1] 方勇译注.孟子.中华书局,2015,32.

[2] 孟宪承等编.中国古代教育史资料.人民教育出版社,1961,37—45.

[3] 牛梦琪."六艺"教育的起源与发展.当代教育论坛,2006(2).

[4] 孙培青著.中国教育史.华东师范大学出版社,2009,56.

人。[1] 可知西周教育勉励个人自身的努力，以德育为首，尚文重武，培养由内而外，各方面皆足称述的全才式精英，与希腊的人文主义的教育实有异曲同工之处。

（二）先秦儒家教育与古希腊教育对人价值的肯定与提升

在西方，人文教育一词是1808年德国教育家尼采曼尔（Nietharmer）在一次关于古代经典在中等教育中的地位辩论中提出的，最初用德文humanismus杜撰，后来由乔治·伏伊格特（George Voigt）于1859年出版的一部著作《古代经典的复活》（又名《人文主义的第一个世纪》）（《The Revival of Classical Antiquity or the First Century of Hurnrnanisrn》），伏伊格特这位19世纪历史学家的功劳，就是把"人文主义"一词用于他们认为与古典学间的复活有关的新态度和新信念上，其把这种新态度和新信念称为文艺复兴时期的人文主义。但就人文主义精神最早可以追溯到古希腊时代与中国的前秦时期，在公元前5世纪左右的雅典时期，古希腊已经形成了一套教育体系，有了成熟的教育内容"七艺"、特定的教育对象，也有了教师团队和教育组织机构，这一教育体系奠定了西方文明的基础的。而在中国，夏朝已经出现了正式学校"夏曰校，殷曰序，周曰庠；学则三代，皆所以明人伦也"（《孟子·腾文公上》）商朝，学校教育制度初步发展，有了小学与大学划分；地方上出现了专门教化场所；"国之大事，惟祀与戎"；西周形成了较为完备的官学体系，有国学和乡学，国学包括大学、小学和乡学，乡学有塾、庠、序、校，塾设立于间，庠设立于党，序设立于州，校设立于乡。西周有"官师合一"的学校管理体系，大学有严

---

[1] 《礼记·学记》中辟说："一年就离经辨志，三年视敬业乐群，五年祝博习亲师，七年视论学取友，谓之寸、成，九年知类迅远，强立而不反，谓之大成。夫然后足卧化氏成俗，近者说服而远者怀之，此大学之道也。"

格的入学、考核、奖惩制度和以"六艺"为本的教学内容。没有什么比教育更能提升生命的品质与尊严了，从这个意义上讲，中国的人文主义教育无论从品质还是形式都有不可比拟的优势。

由此可见，人文教育的源头可谓源远流长，西方与人文教育的源头可以追溯到古希腊时期，东方人文教育思想的历史也不亚于西方可以追溯到西周时期，因此，人文主义教育不只是西方文化的特产，也深深地根植于古代中国的优秀的传统文化中，西方与东方的人文教育思想都注重以"人"为核心，提升人的尊严和技能，将"成人"与"成器"统一起来旨在培养"通士"。西方人文教育的衣钵被罗马帝国继承，罗马帝国通过这样的教育思想来培养有足够处理公共事务的能力的统治阶层，在不同时期人文教育都发挥了巨大的作用，成为西方文明的基石。而中国传统教育思想所蕴含的人文精神到今天依然璀璨。西周教育和古希腊的教育相通之处都在于教育对象是贵族子弟，西周的封建教育是所谓的"达官之学"，即教育是贵族的专利品，平民没有资格和资本享有，教育也是社会身份的象征。在古希腊雅典城邦的学校教育并非全民教育，而是拥有公民权之自由民（Free Man）的子弟才能接受。教育也是王公贵族子弟的特权，雅典学校教育的要求是培养雅典城邦未来公民能具有参与公众活动（主要是指政治事务）的能力。因此，西周的教育与西方古典教育除了在教育内容上有着相似的人文主义精神之外，在教育对象上亦存在惊人相似之处。

二、春秋战国时期儒家教育所蕴含的人文精神

人文主义是以"人"为问题的中心，以人为主体和对象、肯定人之所以为人的价值，倡导尊重人、理解人、关怀人，教育的终极目标就是滋生生命的尊严、提升仁者的品质，而儒家文化的核心之一就是提出的"仁"

这一主题，仁者爱人，蕴含着对生命的关怀以及对具备大仁大德之人的尊重与期待。在儒家优秀的传统文化中，一直强调人的尊严及如何获得尊严，子曰："民为贵，社稷次之，君为轻"。在优秀的传统文化中有"万物为贱，人为贵"的信条。因此，要追溯人文教育的历史，无论是从内容还是形式上，东方都不会逊色于西方。春秋战国时期私学兴起：老聃；楚国的老莱子；郑国的邓析、列御寇、壶丘子林；鲁国的少正卯、孔子、柳下惠；宋国的墨翟等开办私塾聚徒讲学，形成了"百家争鸣"的局面，中国的传统教育蕴含着的深厚的人文教育精神和人文教育思想正是在这一时期绽放。

孔子的教育思想处处体现出对生命的怜惜与悲悯的人文主义精神，子曰："由也！女闻六言六蔽矣乎？"对曰："未也。""居，吾语女。好仁不好学，其蔽也愚；好知不好学，其蔽也荡；好信不好学，其蔽也贼；好直不好学，其蔽也绞；好勇不好学，其蔽也乱；好刚不好学，其蔽也狂。"[1] 孔子认为，爱好仁德却不学礼度，它的弊病是会变得愚蠢；爱好聪明才智却不学礼度，它的弊病是放荡不羁。在孔子看来，才华与人品都不可偏废，才是成为君子和贤士的前提，是对人性的一个非常有见地的假设。

古希腊教育对人是否可教的也做了一个伟大的假设，相比较而言，中国儒家教育对人性的假设更为具体和具有可操作性，孔子就在"性相近"的人性假设基础上提出"有教无类"的教育思想，而这种教育思想的人文价值和意义到今天为止，仍然无法超越。其次，注重德行培养的人文教育内容至今依然闪烁着光芒，在道德层面，要求克己复礼为仁、择其善者而从之，则其不善而改之，成为坦荡荡的君子，君子忧道不忧贫，践行君子之道："其行己也恭，其事上也敬，其养民也惠，其使民也义，君子义以为上"。（《论语·公冶长，第57页》）在知识和技能层面要求掌握诗、乐、射、御、书、数。

---

[1] 朱熹著.四书五经章句集注·论语.中华书局，2011，165-166.

（一）孔子的教育思想

孔子的思想处处闪烁着人文思想，其一生的言行、理想向世人诠释了人文精神的深刻内涵，尤其是其所秉持的以"六艺"为内容的通才教育，就是工业化时代放弃的，今天要拼命捡回的通识教育，如何实施这种通才教育，要因材施教、尽人之性。孔子教人不仅独善其身，还兼济天下。其思想核心是"仁"，仁者爱人，是忠恕，尽己之谓忠，己所不欲勿施于人是恕。孔子关怀人类之情处处体现在他的哲学中，孔子的思想对人价值的关怀是对人文精神最好的诠释。

1. 教育对于国家和个体的双重作用

"子适卫，冉有仆。子曰：'庶矣哉！'冉有曰：'既庶矣，又何加焉？'曰：'富之。'曰：'既富矣，又何加焉？'曰：'教之。'"（《论语·子路》）孔子提出"富民"和"教民"的思想，而且是"先富后教"，在孔子的观念中，教化百姓始终是十分重要的问题，这体现了孔子对生命的尊重以及对百姓的人文关怀，人的尊严和价值在于丰衣足食后能有更好的精神境界，那就需要教化。如何教化呢？当然需要明白教育对象的学习态度后才能因材施教，子曰："生而知之者，上也；学而知之者，次也；困而知之者，又其次也；困而不学，民斯为下矣。"（《论语·季氏》）孔子认为，生来就知道的是最上等的；通过学习才知道的是次一等的；遇到困难才学习的是又次一等的；遇到困难仍然不学习的人是最下等的了。无论天资是否聪慧，学习是人存在的方式，不学习就是自甘堕落，对个人和国家来说都是一种损失。

2. 在"性相近"的人性假设基础上提出"有教无类"的人文主义教育思想

"有教无类"其实质就是全民教育，孔子将教育的对象从贵族阶层扩展到全民教育，这一思想在人类教育史上是一个伟大的创举，表现出对生命一视同仁并给予了足够的尊重，也体现出人本教育思想与人文精神，这种不以出身、地位高低贵贱和财产的多寡来定义教育对象的思想在整个人类史上不可多得，这种智慧和对生命的怜惜之情也弥足珍贵。子曰："自行束修以上，吾未尝无诲焉。"（《论语·述而》）孔子说："只要自愿拿着十余干肉为礼来见我的人，我从来没有不教他的。这充分表明孔子诲人不倦的精神，也反映了他的"有教无类"教育思想。虽然孔子主张有教无类但也认为人的天资有所不同"唯上智与下愚不移"。（《论语·阳货》）。

3. 注重德性培养的人文主义教育内容

（1）以"君子"与"圣贤"为培养目标。

孔子教育的目的就是要培养君子和圣贤，具备怎么样的德行才能配得上"君子和圣贤的称谓呢？要遵从君子的"三戒""三畏""三变"。 三戒，即一个君子在不同的年龄段都要洁身自好、高度自律，子曰："君子有三戒：少之时，血气未定，戒之在色；及其壮也，血气方刚，戒之在斗；及其老也，血气既衰，戒之在得。" （《论语·季氏》）如果在一出生时父母就拥有很好的儒家文化素养，会教诲孩子要成为一个君子，那么当下的很多青年就会与网络、游戏、暴力、色情等不良嗜好保持距离，能有坚强的意志抵御诱惑；等到身体成熟了，血气方刚，会戒除与人争斗；等到老年，血气已经衰弱了，会戒除贪得无厌，也不会出现那么多肆无忌惮的贪官。现代的很多贪官之所以如此放肆和贪欲，不具备君子的品行也没有畏惧感。孔子曰："君子有三畏：畏天命，畏大人，畏圣人之言。小人不知天命而不畏也，狎大人，侮圣人之言。"（《论语·季氏》）敬畏上天的意志，敬畏宇宙中存在因果定律，就不会肆意妄为，不会见利忘义；敬畏德才兼备身处高位的人，是对正义和正念的追随，让人类充满正气；敬畏圣人的言论，是对智慧的尊重，一个无视智慧的民族就是一个无知且狭隘的民族，是不会有创造力的。小人不知道上天的意志，因而他不惧畏。他轻慢圣贤，蔑视圣人的言论，小人当道，无知才会傲慢，失去对圣贤的恭敬心；对自然的恭敬心，一系列的问题都是因此而起，比如，师道尊严不复存在、对自然的破坏。

君子之所以能由"戒"生"畏"，在于"君子有三变：望之俨然，即之也温，听其言也厉。"(《论语·子张》)"君子"不是可望不可即的，各行各业的人都有成为君子的潜质，那通过什么途径成就君子呢？通过学习来达到"仁道"，子夏曰："博学而笃志，切问而近思，仁在其中矣；百工居肆以成其事，君子学以致其道。"(《论语·子张》)仁者爱人，仁者拥有谦恭心，仁者懂得与他者和自然相处的道理。"仁"是孔子人文教育思想中的核心概念，除了爱惜他人，也爱惜自己，尊敬和怜惜生命，这些品行都是具有大德和仁义之心君子所具备的。爱惜自己者则会修身养性，追求内圣外王之道，内心达到圣贤的资格才能统领外部世界，今天仁义的君子、能真心爱人的人、有慈悲心对生命尊重的人仁君子成为稀缺品，在于曾经有一段时间放弃了孔子的主张。然而，孔子的人文主义教育思想和人文关怀精神到今天为止也无法超越。

孔子不但确立了教育目标要培养君子和圣贤，也给出了君子的标准以及如何践行君子品行的规范。同时也提出了君子的理想人格，以及如何造就这种理想人格。在孔子看来，要能称得上君子必须经由道德仁义的筛选，换言之，君子一词从"身份取向"转变为"成就取向"。成就取向，无关乎先天家世背景，那么能否成为君子便是人人皆有其可能，此正是证明孔子对人类无限向上的内在潜力的坚信，这一点正是对西周以来的人文精神作了进一步的发挥。对于君子的行事风格与操守，孔子及弟子子贡如是说："君子坦荡荡，小人长戚戚"(《论语·述而》)。子贡曰："君子亦有恶乎？"子曰："有恶，恶称人之恶者，恶居下流而讪上者，恶勇而无礼者，恶果敢而窒者。"曰："赐也亦有恶乎？""恶徼以为知者，恶不孙以为勇者，恶讦以为直者。"（《论语·阳货》） 在孔子与子贡看来，君子应胸怀坦荡、光明磊落、爱憎分明；而且要知错就改、见贤思齐、择善而从之，其不善者而改之，而"小人之过也比必文"（《论语·子张》）。子贡曰："君子之过也，如日月之食焉。过也，人皆见之；更也，人皆仰之。"（《论语·子张》）君子忧道不忧贫。

孔子认为受过教育的人被委以重任的前提是具备君子的德行、无德是灾祸的始端，爵位有之，德行亦须兼之，君子之德风，小人之德草。孔子除了从传统资源来建构——理想人格的典范，对君子的期许也是充满人文的信心。在孔子这里君子的定义已经超越了阶级、地位，不再是统治阶级的专有名词，而是特指具备仁义礼智信的人，孔子将君子的定义从"身份取向"转变为"成就取向"。由此可见，孔子的人文情怀和精神已经已经超越了时空，对人类内在潜力的信赖和尊重已经达到了无以复制的地步，如果有人质疑中国儒家文化没有人文精神，那是他对儒家文明理解不够。

孔子说，"君子忧道不忧贫"。这句话一直被后世误解，总认为，君子唯道世尊，可以不用担心生计问题。其实，这句话后面还有一句，是"道也，禄在其中矣"，孔子认为"道"与"禄"并存，只要你践行"道"，俸禄也会有的，这也体现了孔子对君子的厚爱、激励与人文关怀精神。

（2）强调健全人格的培育。

人文教育最大的目标是培养成每个人都能是具备优秀健全人格的完人，是将品德置于学识之上。西周的教育尤其注重德行的养成、品格的塑造，是故"六艺"中将礼乐置于"六艺"之首，便是希望由礼乐的陶冶，来培养受教育者的人格、德行。基于此，孔子提出了对文与质的看法，子曰："质胜文则野，文胜质则史，文质彬彬，然后君子。文是外在形式，质是内在本质，孔子虽认为文与质二者合一，学礼可以立身，爱乐可以养性情。"（《论语·泰伯》）又言："人而不仁，如礼何？人而不仁，如乐何？"

（《论语·八佾》）仁是礼乐的根本，换言之，礼乐乃求仁的必然条件。《论语·乡党》记载孔子日常生活中，或食衣住行，或坐或站，或言或不言，都相当重视礼节并合乎礼节，并把礼的精神融入生活中来实践。孔子认为要达到君子的标准为文质兼而有之，艺兼而具之。

孔子肯定人之所以为人的价值，倡导尊重生命、理解、关爱生命的人文主义教育，奠定了中国优秀的传统文化中人文主义思想的里程碑。

（二）《学记》中的人文教育思想

1. 教育目的和作用

对国家而言，教育的目的，一方面在于教化人民形成良好的社会风俗，另一方面在于培养贤才，帮助君王治理国家。在《礼记·学记第十八》云："发虑宪，求善良，足以謏闻，不足以动众；就贤体远，足以动众，未足以化民。君子如欲化民成俗，其必由学乎！"[1] 意思是说，执政的人对于国家大事如果能够深谋远虑，并且有好人帮助自己来治理国事，是可以博得一点小小名气的，但是还不能够打动众人的心。如果礼贤下士，亲贤才远小人，就可以打动民众的心了，但是还不可能教化人民。执政的人如果想要教化人民，培养良好的风俗，看来只有通过学校教育才行。

对个人而言，教育的目的，在于成的，成器。"玉不琢，不成器；人不学，不知道。是故古之王者，建国君民，教学为先。"《兑命》曰："念终始典于学。其此之谓乎！"（《礼记·学记第十八》）是指玉石不经过雕琢，是不能成为有用的器物；同样，人们不通过学习，就不能够懂得道理。所以，古时候的帝王，建立国家，统治人民，无不先从教育入手。

2. 教学应遵循的原则和方法

---

[1] 胡平生、张萌译注. 礼记·学记第十八. 中华书局，2017，696.

（1）教学相长。

关于教与学相互促进的逻辑关系在《礼记·学记第十八》有清楚的表述："虽有嘉肴，弗食，不知其旨也；虽有至道，弗学，不知其善也。是故学然后知不足，教然后知困。知不足，然后能自反也；知困，然后能自强也。故曰：教学相长也。《兑命》曰：学学半。其此之谓乎？"[1] 是指，即使有味美可口的肉食，不吃是不会知道它（味道）甘美；即使有最好的道理，不学习也不会了解它的好处。所以，通过学习才能知道自己的不足，通过教导别人才能知道自己理解不了的地方。知道自己学业的不足，这样以后才能自我反省；感到困惑，这样以后才能自我勉励。所以说，教与学是互相促进的。《兑命》说："教人是学习的一半。"

（2）预时孙摩。

"大学之法"的四个基本原则为：豫、时、孙、摩。这也是大学教学成功的基准。"大学之法：禁于未发之谓预；当其可之谓时；不凌节而施之谓孙；相观而善之谓摩。此四者教之所由兴也。"（《礼记·学记第十八》）是指大学的教育方法在于，在问题未发生之前就加以预防，从而达到不发生问题叫做"防患于未然"；在最适合学习的时候不失时机的让学生学习叫做"抓住最佳学习时机"；不超越学生的接受能力进行教学叫做"循序渐进"；相互观察，效法从而达到各自获益叫做"同学互相切磋"。这四点，教育成功的经验。

豫，通"预"，就是预防性原则。在学生不良行为发生前就加以防范叫做预防。如果不良行为发生之后再去禁止，积习已深就难以矫正。所以这个原则要求教师在教学上要有预见性。

时，是及时施教原则。"当其可之谓时"，抓住最佳的时机，及时施教，因势利导，就会取得良好的教育效果。否则，"时过然后学，则勤苦而难

---

[1] 胡平生，张萌译注. 礼记·学记第十八. 中华书局，2017，698.

46

成"。

孙，是循序渐进原则。"不陵节而施之谓孙"，教学必须遵循一定的顺序（"孙"），根据学生的年龄特征和接受水平妥善地安排教学进度。否则，"杂乱而不孙"，不按顺序教学，就会使教学陷于混乱而难以收到效果。

摩，即学习观摩原则。"相观而善之谓摩"，学友间相互观摩，相互学习，取长补短，就能共同进步。否则，"独学而无友，则孤陋而寡闻。"

（3）藏息相辅。

"藏"，原为"臧"，通内脏的"脏"，"息"是指呼吸的气息，人自身的内脏和大气相配合，才能呼吸自如。在这里做为比喻讲解教育原则，即不能死记硬背，教师的讲解要与个人的理解相结合才能消化知识的原则。出自"大学之教也，时教必有正业，退居必有居学。不学操缦，不能安弦；不学博依，不能安诗；不学杂服，不能安礼。不兴其艺，不能乐学。故君子之于学也，藏焉修焉，息焉游焉。夫然，故安其学而亲其师，乐其友而信其道，是以虽离师辅而不反也"（《礼记·学记第十八》）。这就是说，大学的教学是依规定时间进行正课教学，课后进行课外练习。因为课外不练习好调弦技能，课内就完不成乐教的任务；课外不学习好歌咏知识，课内就完不成《诗》教的任务；课外学习不好洒扫应对等礼节，课内就完不成礼教的任务。总之，不强调课外实际训练的重要性，就完成不了正课教学任务。所以善于学习的人，务使学习正业时专心修习，退而休息的时候，就尽兴游乐。唯有这样，才能巩固所学，从而亲近师长，乐于交友，恪守信念，日后即使离开了师友，也不会违背师友的教导。两千多年前，《学记》的作者就强调课外活动的重要性，并精辟地阐述了正课教学与课外活动、接受知识与消化知识、学习知识与休息等之间的辩证关系，这确实是难能可贵的。

大学始教，皮弁（biàn）祭菜，示敬道也。《宵雅》肄（yì）三，官其始也。入学鼓箧（qiè），孙（以逊顺之心）其业也。夏楚二物，收其威也。未卜禘（dì）不视学，游其志也。时观而弗语，存其心也。幼者听而弗问，学不躐（liè同后文"陵"，超越）等也。此七者，教之大伦（纲要）也。《学记》曰："凡学，官先事，士先志。"其此之谓乎！（《礼记·学记第十八》）。是指大学开学的时候，官吏要穿着礼服，备办祭菜，举行祭祀，为的是表示尊师重道的意思。诵习《小雅》中的三篇诗歌，为的是使他们从开头就培养做官的兴趣。学生上课，要按鼓声打开书箧，为的是使他们重视学业。大学里备有教鞭，为的是维持整齐严肃的秩序。天子、诸侯没有经过占卜举行禘祭前，就不到学校视察考核，为的是使学生得以按照自己的志趣从容学习，学习不会紧迫急切。教师对学生的学习经常加以检查指点，但不唠叨灌输，为的是培养学生自己用心思考的习惯。年幼的学生只听不问，为的是使他们循序渐进地，而不越级地学习。这七件事就是大学教育的基本纲领。古书上说："在教育这件事上，教师的责任首先在于尽职，学生的责任首先在于立志"，就是这个意思吧。大学所学的内容必定要是经典，学习的态度要谦虚恭谨，孜孜不倦、刻苦钻研、学以致用。

（4）善教继志。

只有善于多方诱导的人才能当教师，一个真正懂得教育成功与失败所在的教师是这样的存在："善歌者，使人继其声；善教者，使人继其志。其言也，约而达，微而臧（zāng），罕譬而喻，可谓继志矣"（《礼记·学记第十八》）。一个好歌手，能够让他的歌声在听众心里久久回荡。比如现在有些歌手唱的歌，我们一入耳就在内心留下很深的印象，并且我们时不时地会哼两句，无意识的。同样的，善教者，也会使人潜移默化地莫名其妙地把教者要教的掌握了。如何能做到这么妙呢？在教授的过程中，在最该点拨的点上，在学习者正要过而过不去的节骨眼上，用最简练明了的语言，极其精准妥帖地，用学习者能够认知和理解的内容点化学习者，学习者一下子就释然了。教者一下子就把要教的传下去了，最微妙之处在于，这一切都是在不知不觉中达成的。掌握这种高妙的教学艺术的人称为"善教者"，善教这能激发学习者的潜能和对学习的信念。

《学记》是《礼记》其中的一篇，其中所蕴含的人文精神在其教育目，教学原则和方法中都体现了对人的潜能、价值的信心以及对生命的尊重与信赖。

儒家文化根源于"礼"，教化也由此而生，而"礼"在某些方面必须具有某种奢华的存在，奢华来自高度发达的物质生产，由此可知智慧勤奋的中国人在几千年前就创造出发达的物质文明，其他的文明由此而生。

第二节　通识教育传承儒家文化

一、　通识教育重建儒家轴心文明支撑中国经济的崛起

自古以来，儒家知识分子的使命是忧国忧民、为民请命，具有谦谦君子的形象、大丈夫的人格。

西方文明在宏观上尚武，对争端解决诉诸武力的方式造成了人类的战争、掠夺、冲突；在微观上，消费主义、物质主义、快餐文化、纵欲主义模糊了人与动物的边界。西方文明的存在已经呈现出病态、已经不适合人类的长治久安，西方文明与伊斯兰文明的不可调和状态使世界深陷动荡之中。未来的战争已经超越了国家，是不同文明之间的战争，但是，儒家文明非常具有包容性，主张"以和为贵"、天下大同、天人合一；道家主张"人法地、地法天、天法道、道法自然"；佛教思想主张"众生平等""众生皆有佛性"；墨家主张　"兼爱""非攻""尚贤""尚同""天志""非命""非乐""节葬""节用"等观点，这些理念都为人类的长治久安提供了依

据，也被历史证明了其价值。儒家轴心文明是人类历史上唯一没有中断的文明，主张"仁爱""仁政"。仁者爱人，"仁"乃天地万物之端、"爱"乃是万物之源。

如果依据儒家文明以"仁爱"为核心建立人类新秩序，这个世界还会有杀戮、不安、流离失所吗？在全球化进程中，做一个这样的逻辑推理，每个人都懂得何为善，并愿意行善；每个家庭长幼序、相敬如宾、妻贤子孝；每个国家国泰民安、政治清明、无盗贼出入、夜不闭户；国家与国家之间和平相处、礼尚往来，没有争霸、掠夺、战争、善待地球、善待对方、相互合作，解决冲突寻求和平，大汉、唐朝、宋朝的很多皇帝有时候宁可舍弃自己的骨肉去和亲、去敌国做人质，也不愿进行生灵涂炭的战争。古代中国的"和亲政策"足以说明儒家文明对战争的厌恶，而西方文化则不然，为了争夺一个女人，就能前后进行十年的战争，如"特洛伊战争"。把投入战争的钱用来保护环境、救助更贫困的人，呈现出天人合一、天下大同的盛世景象。这应该是人类存在的一种更好的状态，为什么不以这种状态存在？

中国经济的崛起，需要有强大的文化作支撑。西方世界的边缘文化已经是一种病态存在，中东的无秩序化、伊斯兰文明与西方文明的严重对立都加剧了西方文明的分崩离析。世界向东看，儒家轴心文明必将是治愈西方文明治理下世界纷乱现象的一剂解药，自唐朝以来儒家文明与伊斯兰文明、基督教文明以及人类的其他文明和谐相处，儒家文明的包容性、开放性、超越性使其光芒四射、穿越时空成为人类长治久安的、持续发展的精神领袖。儒家文明自唐朝以来就与伊斯兰文明、基督教文明、人类的其他文明和谐相处。西方列强20世纪的殖民和掠夺是造成亚非拉人民贫穷、落后、战争和区域冲突的根源，中国从20世纪五六十年代就开始援助非洲，中国为世界的稳定做出了卓越贡献。中华文明是人类未来发展的思想宝库，中国年轻一代需要认识到这一点，对中华文明的自信、对中华民族自信应该确立起来，崇洋媚外没有必要，世界上没有一个文明能像儒家文明那样在人类历史上延绵不断五千年。中国经济之所以空前绝后地创造了人类发展史上的奇迹，其根源便在中华文明。

如何传承儒家文化，培养"完整、健全的人格"，儒家文化书院化、通识教育学院化是一种切实可行的构想。中国年轻一代比以往任何时候都迫切需要把儒家文化根植于其灵魂之中，也比以往任何时候都需要克服专业化教育造成的自我分裂和狭隘。专业化教育由于对人文精神和人文关怀不感兴趣而制造了恐惧、焦虑、缺乏安全等，这些使学生内在力量分散，他们需要拿出大部分力量来应对恐惧与焦虑，分散的精力会极大地削弱学生的内在力量，人脑只有获得自由，满足了安全需求才会学习、思考深度问题，激发出创造力。专业化教育的危机是有目共睹的。耶鲁大学前校长理查德德·文莱说过：如果一个学生从耶鲁大学毕业时，居然拥有了某种专业的知识和技能，这是耶鲁大学教育的失败。真正的教育，是自由的精神、公民的责任、远大的志向、批判性的独立思考、时时刻刻的自我觉知、终身学习的基础、获得幸福的能力，真正的教育不传授任何知识和技能，却能胜任任何学科和职业，这才是一个人是否受过教育的标准。通识教育以培养学生成为一个具备心灵觉醒、关心内心的需求、精神生长、德才兼备、有高贵灵魂和尊严的现代公民和一个关心人类共同命运的群体为理念，以广博涵养建构广博视野来强化通识与专业课程之融通的迫切性和重要性，其核心在重建心灵秩序，使学生获得最大的自在、自由，使学生具有自我批判、自我觉察的能力，能明心见性。

（一）通识教育在重建儒家文明使中国再次强大中所扮演的角色

1.通识教育课程引入儒家经典以培养"通士"为目标

随着中国的国力增强，文化自信的恢复，中国文明的复兴被再次提上历史的日程，这个时代比以往任何时候都需要大师，这就需要传统文化进校园、进课本、进千家万户、进入孩子的血液中，强大的儒家文明，铸造强大的一代，使中华民族再次伟大引领世界。

通识教育在于重建心灵的自由、自在。心灵的自由对创造力的价值被历史一次次见证：无论是古希腊的三贤苏格拉底、柏拉图、亚里士多德还是春秋战国时期中国的三圣孔子、孟子、老子，都是自由教育的集大成者，人类没有哪一种专业教育可以造就这样的旷世奇才。这些人类伟大的奇才，各个可谓是"通士"的典范。孔子是当时最博学、最具有智慧的人之一，他见到老子后惊叹老子是龙一般的人物，能乘风云而上天，能乘风帆而入海，思想的触角远远超出了自己知识所能了解的范围，进入了自由境界。通识教育的目的就在于使人的心灵达到自由、自在的境界。对一个民族来说，自由是创造力的源泉之一。

要想诞生像孔子、孟子、荀子等这样的旷世之才，中国当下的大学教育必须修正工科思维和单纯技术观点，从文明传承与复兴的角度探索适合当代条件的通识教育模式。以培养出一个品行高尚、光明磊落、刚正不阿、为国家主权和民族的利益不惜抛弃个人利益、得失，甚至视死如归的具备君子品行的"通士"群体。

当一个人或民族获得了充分的自在与自由，被世界接纳、认可、理解时，他的内在力量才是集中的，才能形成自我的判断力、创造力，才会有足够的能力来创造发明。通识教育通过对人文学科和自然学科、社会学科等的联结、通达和融合，将一个更为完整的知识"域"引入学生的生命中，旨在培养个体的完整性、判断力、创造力让自由精神传统、人文精神，以及科学精神得以传递，这对民族的、人类的智力、创造力提升具有非凡的意义，还会为整个人类带来福祉。而趋于功利化的技术教育、资讯教育，基于工具理性、缺失人文关怀的专业教育是无法承载和维持文明社会的广泛根基的，也没法成就人类的共同利益。当然，不能否认专业教育的重要性，但是只具备一门精湛的技能在全球化的、资讯化的、知识飞速更新的时代里，其生存空间一定会受到挤压，仅仅注重专业教育无视人文教育、人文关怀的教育短期内可能有效，但对长足的发展这种局限性也是显而易见的。

2. 儒家经典融汇于通识课程中，铸造中国魂

优秀传统文化里，中国人有自己独特地看待世界、看待生命的方式，如"天下大同""和而不同""万物为轻人为贵"这一传统有别于其他文化。中国人的价值观、世界观、人生观是沉浸于深厚的文化底蕴、悠久的历史中形成的，具有丰富、系统的资源，这需要通过家庭的代际传承和学校有目的系统的学习继承，一旦失传，对这个民族来说是灾难性的，人类的其他三大古文明的断裂、消失就是前车之鉴，比如，古印度和古埃及文明的消失原因之一就是外国文化随着战火延伸到了它们的国内，侵蚀了他们的文化，年轻一代接受了外国的文化彻底抛弃自己的文化和文明，最后导致这一文明彻底的消失。

3. 通识教育是治疗人文教育缺失的良药

人文教育的目的在于培育学生的人文精神，而人文精神表现为一种人类特有的自我关怀，体现出对理想人格的肯定和塑造，彰显了人对价值、尊严、个性和自由的追求，是人类正确处理人与自然、人与社会、人与他人、人与自身关系的精神文化现象。所以，从某种意义上说，人之所以为人，就在于人有自己独特的人文精神。周国平教授认为，人文精神的基本内涵应确定为三个层次：一，是人性，对人的幸福和尊严的追求，是广义的人道主义精神；二，是理性，是对真理的追求，是广义的科学精神；三，是超越性，对生活意义的追求，是广义的宗教精神。简单地说，人文精神就是关心人，尤其是关心人的精神生活；尊重人的价值，尤其是尊重人作为精神存在的价值。[1] 所以，人文精神的基本涵义首先是尊重人的价值，尊重精神的价值。其次，人文精神至少包括三个方面的内涵：一，是对国家、对民族乃至对整个人类社会的关怀；二，是对他人尊严的尊重、对他人价值的肯定、对他人命运的关切；三，是理想人格的塑造并实现人的全面发展。大学人文精神就是大学所秉持的正确处理人与自然、人与社会、人与他人、人与自身关系的价值导向和行为准则。其内涵包括"高扬人的价值，追求人自身的健全和理想的达成谋求个性解放，建立自由、平等、和谐的人际关系秉承理性原则和主体意识重视终极追求，探索超越现实的理想世界和理想人格拥有强烈的社会责任心和历史使命感，以及永恒的道德精神倡导人与自然的可持续发展。"[2] 因此，大学是彰显人文精神的场所。

20 世纪，处于内忧外患中的中国，出于本能，在知识分子阶层普遍达成共识认为只有抛弃传统向西方学习先进的科学技术才能救国图存，整体上呈现出对外开放的姿态，对外开放似乎是一种本能，而对内的封闭，更确切地说是对古代的封闭，对中国自身文明的封闭，也是一种本能。大学通识教育要打破这种自我否定的魔咒，就必须对西方文明有清醒的认识，西方文明经过工业革命后的鼎盛时期，暴露出的各种问题也被世界有目共睹，譬如，两次世界大战都与西方文明掠夺成性有关、过度的技术化对自然界的无限开发利用造成人与自然的对立也与西方文明有关以及当前阿拉伯文明与西方文明的对立引起世界局部地区不安定因素，如此等等。都需要反思重新反思西方文明，相比之下，儒家文明主张"天下大同、天下为公、世界和谐"，世界的永久和平、和谐一个不安定的世界迫切需要儒家文明与儒家文化重回世界中心。

[1] 周国平. 人文精神的哲学思考. 长江文艺出版社，2014，3.

[2] 陈胜婷. 试论大学人文精神的构建. 攀枝花学院学报，2008（2）.

在大学实施通识教育把儒家文明的基本价值重新根植于年轻一代的心灵中。在当下讨论中国大学的通识教育，必须有中国文化的自觉，或者有中国文明主体性的自觉。也就是说，开展通识教育应以传承中国文明作为自己的主要责任。

教育唤醒人身上的沉睡"神性"，使人成为"君子"。教育的目的在于培养一种行为方式、一种风范、一种具有独特魅力的人格。从早期儒家的经典可以看出，教育的目标是培养"君子"。君子的品质包括大丈夫的理想人格，其中既包括崇高的志向、良好的道德修养、深厚的人文底蕴和精湛的专业知识。《大学》所谓的格物致知、正心、修身、齐家、治国、平天下就是这种君子理想的全面阐释。而张载的"为天地立心，为生民立命，为往圣继绝学，为万世开太平"则将君子的人格理想，这种理想代表了中国传统教育文化中最可贵的部分。

"德性"这一古老的被苏格拉底、柏拉图、孔子认真对待过的命题需要重新被大学采纳来弥补专业教育的不足。"中国的世界和世界中的中国"，中国人的独特性、中国文化的不可替代性、独特魅力在哪里？中国知识分子身份特征是什么？中国以它的体量，以它的一种活力正在兴起，并且将会改变这个世界。这是一个基本事实，是中国的崛起不可阻挡。

大学通识教育课程体系中引入儒家人文经典，如《老子》《论语》《孟子》等典籍，这些经典注重道德的修养，崇尚对道义的奉献，具有积极的人文精神。

（二）通识教育对人的"完整性"的培养哈佛大学堪称典范

哈佛大学作为世界一流大学为人类的共同利益、人类的进步与文明做出了巨大贡献，它的成功基于不同时代对教育的反思和通识教育改革：哈佛大学的通识教育不管是基于社会因素还是对人本身价值的关注都是一种非常有价值的教育。它传承了人类的文明，启迪了人性的价值，弘扬了民主精神，为哈佛大学的长足发展提供了有力的支持，注入了永不衰竭的动力。尤其是哈佛大学柯南特和博克时期的两次通识教育改革，这两次改革不仅仅是拘泥于地区视野，而是基于"全人类的共同利益"的改革。科南特强调，哈佛大学的培养目标：不是培养一个美国公民，而是关注人类共同利益具有国际视野的人；要培养一个能有效思考和表达、具备批判精神、广博的学识和精湛的专业知识、对全人类的文化、文明有普遍的了解，而不偏执于某一地区、某一文明，对人类的共同利益和命运普遍关注的人。为了实现这一培养目标，他在哈佛任校长期间不遗余力地对哈佛进行了卓有成效的通识教育改革，即核心课程改革，此改革几乎成为全球高等教育通识教育改革的风向标。

《反思教育向"全球共同利益"的理念转变》一文重申重视人文教育的价值，即维护和增强个人在其他人和自然面前的尊严、能力和福祉应是21世纪教育的根本宗旨。应将以下人文主义价值观作为教育的基础和目的：尊重生命和人格尊严，权利平等和社会正义，文化和社会多样性，以及为建设我们共同的未来而实现团结和共担责任的意识。人文教育的根本目的确定为促进受教育者人性境界提升、理想人格塑造以及个人与社会价值实现上，而不是培养专业工作者。人文教育是一种非职业性的、非专业性的教育，其核心是涵养和充实人文精神，而不是停留于获得有关的人文知识。知识的获得当然是必要的，但它不是最终目的，最终目的是要通过自我体悟与心灵觉醒达到人性境界的提升。人性的教育，不止是要求人们善待自己、善待他人、善待社会，还要善待自然、善待我们今天生存的环境，谨慎地对待自然和其他物种，充分理解人生的意义，并把升华人生意义和实现社会价值统一起来。教育的根本使命本就是"培养人"。

哈佛大学和联合国教科文组织基于人类共同理念重申了教育的目的和宗旨，这一重申深刻地影响了世界教育的走向。

通识教育不仅是打"通"学科之间的壁垒，打通通识与专业之间的割裂，还要把学院之间的壁垒打通，举全校之力培养学生而不是举全院之力，举全校之力一定大过全院之力。不仅要培养具备深厚儒家文化底蕴的知识分子、有素养的公民，还要培养关注人类共同利益具有国际视野的人；中国的 "一带一路"也将中国带向世界。此外，通识教育解决的另一个议题就是全球化背景下的环境问题，威胁到人类健康和安全的环境问题警告我们：人类与地球上的各种资源必须共存，善待地球、延续地球的生命就是延续人类的生命。用通识教育的真谛告诫年轻一代这样一个事实：我们是人类命运共同体这一体系中的一部分，我们共同生活在地球上。

二、通识教育重塑学生的知识结构

（一）学生知识结构完整性的重要意义

虽然著名的美国生物理论学家、博物学家、"生物多样性"概念提出者、"生物社会学"之父——爱德华·威尔逊（Edward O.Wilson）写了这本享誉世界的专着《知识大融通》，但是"融通"（Consilience）这个词第一次被采用是休厄尔（William Whewell，1794—1866 年）在 1840 年所写的《归纳科学的哲学观》（《The Philosophy of the Inductive Sciences》）一书中。"融通"的意义即"经由综合跨学科的事实和以事实为基础的理论，创造一个共同的解释基础，以便使知识融会在一起"。威尔逊却将融通一词带入了人类的新境界，在不同学识中寻找共性，探究跨领域的融通。1955年威尔逊获得哈佛大学生物学博士学位，同年开始在哈佛大学执教。1969年当选为美国国家科学院院士。获过全世界最高的环境生物学奖项，包括美国的国家科学奖、瑞典皇家科学院颁发的克拉福德奖(Craford Prize)。1996 年，威尔逊被《时代》杂志评为对当代美国影响最大的 25 位美国人之一。威尔逊非常擅长著述，文笔优美，以其著作《论人性》和《蚂蚁》两度获得普利策奖。看到威尔逊在各个领域取得的非凡成就，是不是他本人就是知识大融通的受益者，又或者是奠基人呢？狭隘的专业教育是无法造就如此通才的。无论是受益于知识大融通而取得斐然成就的威尔逊，还是知识高度融通的威尔逊都是通识教育的目标和方向。通识教育寻找自然科学、人文科学与社会科学研究方法融通的可能性，很多跨学科的研究方法、跨学科课程也是方法和课程融通的典范。威尔逊本身就是通识教育的典范和答案。威尔逊认为，自然科学内部各领域之间的界线正在逐渐消失，将被一些正在变化，但具有内在融通的混合领域所取代，寻求知识的融通是重整日渐瓦解的人文学科结构的方法。谈到教育，威尔逊主张真正的改革都必须在学术研究和教学上，强调自然科学与社会科学、人文学科之间的融通。

威尔逊的《知识大融通》延续《生物社会学》中的思路，从生物学的角度更加全面地解释了社会科学、经济学、社会学、哲学、伦理学、美学、神学、文化等人文学科所面对的问题，并且给出了全新的解释。他提出所有知识具有基本统一性的理由，以及寻找"融通"的必要性——融通是学识统一的前提；世界上的每一件事物都是借由少数基本的自然规律组织而成，而这些自然规律组织而成，而这些自然规律正包含了构成各学识分支的原理。在威尔逊的《知识大融通》一书中，谈到的不仅是自然科学、人文科学、社会科学的融通，更强调一个大学生应该了解人文学科中一些核心主题和概念，诸如"人性""心灵""伦理与宗教""艺术"等范畴，并发表诸多关于科学与人文相互融通的尝试。

威尔逊告诉我们真正的创造力来源于不同学科之间的高度融通，从而激发出巨大的创造力。从哈佛大学每次通识教育改革后获得的巨大收获中可以看到建立在通识教育基础上的专业教育发挥出巨大的创造力和活力，让人回归到人的本位，人成为教育的目的而不是手段。

20 世纪新士林哲学代表人物马里旦对实用主义教育哲学提出了批判，对教育过度强调实用主义，使人的思维降为动物层次而缺乏理性关照的现象，他认为"教育的首要本质是造就完整的人"并为社会培育未来良好的公民，而不是让未来的公民适应社会生活状况，简而言之，人的存在价值不是就个人如何习得知识技能、成功适应于社会，而是生命价值得以提升，由高度自律的生命引导个体的行动去发现真理。

（二）通识教育使学生的知识结构走向融通

对一个生命体来说，在漫长的人生道路上，学会一门技艺，从事一种职业只是人生中的小部分，大部分时间人说做是与职业或有关或无关的事，这些事关乎生命个体的幸福和生活的品质——时间的管理、情绪的管理、空间的管理、人际关系的管理等，这些也同个体人文素养紧密相连。大学仅仅提供专业教育显然是不够的，专业旨在培养学生的职业竞争力；专业教育强化人的工具性。因此，大学的课程应涵盖日常生活的管理、心灵的滋养，提供学生普遍且多样化的知识，通识教育是达成这一目标的有效途径。通识教育通过对人文精神的诠释。

一个完整的人所具备的人文、道德素养；描述、分析、解释、评价、判断、批判能力；追求真理、自我价值、推动人类进步的能力，离不开人文学科、自然学科和社会学科。如果从通识教育与专业教育的差异来看，则前者关切知识整体内部缓慢变化的种种联系，后者关切迅速改变的知识，由于通识教育的特色在于培养一个健全而完整的人格，而其所对应的知识或能力，就不一定是专业教育所强调的竞争性的技术能力。通识教育的知识特点，应该不是反映现实生活的竞争性，而必须让天赋自由，进而丰富整个社会。

通识教育的目的时要培养一个完整的人——能独立思考、具有批判意识、追求完满幸福、心智和谐。

如何达成跨学科知识之间的相互融通，威尔逊提出了一个令人深思的命题："无论是从星球还是从有机物的多样性来看，人类历史和物理发展史，都没有根本的差异。比方说，天文学、地质学和进化生物学这类学科基本上属于历史学科，这就是融通的原理，和其他自然科学相结合的。"[1] 他强调，自然科学内各学科之间的界限正在逐渐消失，将被一些正在变化但具有内在融通的混合领域所取代。这些混合领域能跨越许多复杂程度不同的层次，从化学物理、物理化学到分子遗传、化学生态和生态遗传学。既然人类的行动是具有实体因果关系的事件所组成，那么社会科学和人文科学能不能与自然科学贯通起来？这样的结合又怎么可能不带来帮助？[2] 威尔逊对不同领域知识的融通怀有美好的期待，也深信跨领域的知识可整合将为人类带来创造力与幸福指数。威尔逊对知识大融通的构想可以通过大学的通识教育来实现——通过对一个完整的知识体系学习来达成学生的内在统一、内外统一、言行的统一性。

---

[1] 爱德华·威尔逊著. 梁锦鋆译. 21 世纪的科学与人文----知识大融通. 中信出版社，2016，17.
[2] 爱德华·威尔逊著. 梁锦鋆译. 21 世纪的科学与人文----知识大融通. 中信出版社，2016，17.

第三章　全球化背景下通识教育的走向

第一节　全球化与全球教育

2015 年 9 月，联合国 193 个成员国共同签署了一项新的可持续发展议程。该议程包含全球教育在内的 17 个子目标，计划 2030 年实现。这些可持续发展议程涵盖了《联合国千年宣言》和《里约环境与发展宣言》的内容，体现了联合国成员国的共同理想。自 2000 年起的 15 年间，《联合国千年宣言》一直是指导国际社会实现教育目标的行动准则。可持续发展目标是这些教育目标的延伸，旨在确保全民、公平的教育和促进全民终身学习。2016 年 9 月 6 日联合国教科文组织发布《2016 全球教育监测报告》。联合国教科文组织一直致力于推动全球教育进程，为及时了解《联合国千年宣言》教育目标的实施情况，联合国开发了一套全球监测指标，用这套指标记录目标实施的整体进程，并对全球教育的质量进行监测。

全球化是一个复杂、多层次、多向度、立体交叉互动又不断整合发展的世界现象，包括政治、经济、社会、文化、环境生态、通信与科技等多个范畴，影响着当代人的价值取向、生活方式与内容，形成人类思想、价值、行为无国家、无社群的分际，随着持续不断地网络化、国际化、资讯化程度的加深将世界迅速整合为一体化空间的过程。在全球化的背景下，政治、经济、文化、社会等各方面，行动者超越了民族国家的疆域，利用咨询网络使其行动影响全世界的过程。

学者从西方近代史中梳理出"全球化"这个概念，T. 莱维是在 1985 年最早使用"全球化"这一概念的学者。他用全球化来描述世界经济所发生的巨大变化，表示商品、服务、资本和技术在世界生产、消费和投资领域的扩散。按英国学者戴维·赫尔德的说法，"全球化是一个体现社会关系和交易的空间组织变革的过程，此过程可以根据其广度、强度、速度以及影响来衡量，并产生了跨大陆或区域间的交流与活动、交往与权力实施的网络。"全球化不同历史阶段曾有不同的诠释，诸如殖民时期的全球化就等同于西方文化帝国主义；信息科技发展后的全球化，普遍指通过市场策略进行全球资本扩张的美国消费文化（Tomlinson，1997 年），此外，全球化又被视为与现代化紧密关联（Giddens，1990 年）。汤普森（Thompson，1995 年）认为，全球化使世界各地的少数族裔和社群越来越系统地交互联系，建立与世界交换讯息和意见的空间。全球化是 20 世纪下半叶以后不可遏制的历史潮流，诚如社会学家吉登斯（Giddens）所说，全球化是一种世界各地区之间的相互联系大幅度提升的生活方式。21 世纪世界文明在全球化的推动下进入了一个新纪元，人类开始在全球化的背景下从事大量的商务、娱乐、教育、社会、政治，甚至战争活动，全球化也持续改变了人类的思考方式、生活习惯、社会结构、道德法律、人际关系和价值观。全球化为不同国家和地区带来机遇、利益，但全球化也存在诸多问题值得反思。如何应对全球化的挑战，如何培养年轻一代需要具备哪些素养足以瞭望、认知，以致能顺利地在全球化中蜕变。大学如何与时俱进，如何通过通识课程设计来培养具备全球化意识，能在全球化浪潮中游刃有余，并且出色地生活、工作且有归属感的人。

一、全球教育的内涵探析

全球教育并非是一个达成高度共识的概念，有学者也将全球教育定义为世界研究（World Studies）、跨文化教育（Intercultural Education）、全球观教育（Global Perspectives in Education）、发展教育（Development Education）、和平教育（Peace Education）、国际理解（International

Understanding）、多元文化教育（Multicultural Education）、人权教育（Human Rights Education）、环境教育（Environment Education），它也跟国际教育（International Education）有很多类似的地方（Cambridge & Thompson）。但是，在诸多称呼中，全球教育这一概念是普遍被接受的。全球教育是一种使全世界的人可以共同相处，共同解决问题的世界公民的教育。全球教育最早在《全球教育方针》（1977 年）一书中被定义为一种终身成长性了解，这种了解是通过对世界社群及其所属的人及社会、文化、种族、经济、语言、技术、生态等系统，对其彼此相互依赖关系的研究和参与。通过对世界各种文化价值和意义的了解，以及世界社群的基本概念和原则的了解，以此让学生能从整体全球的观点出发，为全球性问题寻求公平、和平的解决方案。虽然这一定义过去了二十年，当时的全球化程度与今天相比已经不能同日而语，但是全球教育的方向和本质是一致。

全球教育概念的提出扩大了人的活动空间，将个人由社区公民、国家公民扩展成全球公民。班克斯认为，全球教育的重要目标与多元教育密切相连，是帮助学生跨越国家的界限，理解、发展跨文化能力，了解共同生活在地球上的人类高度相关联的命运。贝内特则认为，全球教育的目标是帮助学生发展多元历史视野，加强不同文化的知识与跨文化的理解能力，建立维系地球生态环境的使命感以及具备掌握应对危机的思辨能力。威廉姆斯指出，全球教育在于学习超越国界及相互关联的系统；增进对其他文化、生活状况与形态的了解；全球教育考验着不同价值观、体制与观点；了解全球相互联系、相互依存的本质，并以负责的态度参与全球活动；强调不同文化间保持和谐，并建立人类与地球环境间的和谐；培育接纳不同地区人民的态度与胸襟，具备生活在地球村的必要知识；认识与了解存在世界有不同的国家、人民、文化与系统；知悉世界怎么影响着我们，我们怎么样影响着世界，以及发展实际生活在世界社区所必须具备的知识、态度与技能；明了与世界社区有关的基本概念和原则；为世界问题寻求公平、和平的解决方式。

二、全球化背景下教育的目标

全球教育的培养目标就是培养具备国际视野的世界公民，即拥有广博的知识、专业的技能，能在全球背景下思考和解决问题。更具体的全球教育目标如下：首先，在于提升学生的跨文化交际能力、理解能力、洞察能力、理解人类相互之间的联结，共同的价值、共同的命运、共同使命以及利益共同体的本质；其次，全球教育在于培养学生的全球视野，在世界的相互联系中，从人类共同利益、长远利益出发思考生态、环境、文化、经济、政治、技术等重大议题，认识世界格局、世界变化；了解和学习不同时空的文明和文化，用开放的心态看待与自己文化、宗教、政治见解不同的人，用他者的身份和观点了解地球上不同种族的生活方式、存在方式、不以文明人自居，藐视与自己文化、信仰不同的种族和群族的生活方式，人类目前的战争、冲突大多源于不同文明、不同宗教信仰之间冲突。因此，全球教育的目标之一就在于培育年轻一代能与不同宗教、不同文明、不同文化的种族、群族之间和解，彼此和平相处，远离战争和冲突，为了人类的共同利益携手共进。全球教育与"全球化下的教育""全球化与教育"概念相比，属于一个下位概念，涵盖的范畴小，全球教育主要是培养关怀人类共同命运、共同利益的全球公民；探讨人类的互联性、普遍性，公正、正义存在于普遍人性中的可能性。全球教育本质是一种公民教育理念，这种理念的建构有赖于全球意识、全球知识、态度、情感、技能的相关课程和教学。

三、全球教育的内容

地球只有一个，地球的资源是有限的，教育年轻一代珍惜地球的寿命、保护环境是每个国家教育的使命，随着全球化的推进，接受全球教育才不会被抛出世界的发展轨道。全球教育的内容应该包括：世界地理、外语、世界历史、人类学、科技史、艺术史、不同国家的文明史等。从非种族中心的观点出发，研读不同的社会、政治、经济体系，研读世界货币政策和金融体系；探讨人口问题与经济发展、能源的开发和滥用、全球生态环境问题；探讨不同群族的文化和宗教、世界各地冲突和局部战争问题以及国际关系国际合作等，哈佛大学为学生开设了 6000 多种课程供选修。其目的为了培养学生开阔的国际视野，广阔的知识领域。梅里菲尔德（Merrifield）提出全球教育课程内容的八项要素，以及相关的内容，具体概括了全球教育的全貌，相关内容说明如下。

第一，人类的信念与价值观。

包括：（1）人类信念与价值观的共同性与差异性；（2）观点意识、多元意识；（3）辨识出自我的价值观、文化与世界观在学习事物以及与不同人的互动时的影响；（4）理解价值观和信念如何隐藏在社会、文化、自然资源与环境的利用、技术、政府、历史的建构中的角色。共 4 项内容。

第二，全球体系。

包括：（1）经济系；（2）政治系；（3）生态系；（4）技术体系（包括咨询、通信、运输业、制造业）；（5）全球体系的进程；（6）族群间、国家间、区域间的交易；（7）在不同的全球化体系间的相互连接；（8）地球状态的意识。共 8 项内容。

第三，全球议题与问题。

包括：（1）人口与家庭计划议题；（2）自我决定；（3）发展议题；（4）

人权议题（包括女性、原住民、儿童的权利）；（5）移民与难民；（6）全球化；（7）环境和自然资源议题；（8）相关的财富分配、技术与咨询、资源、市场控制权的议题；（9）相关的饥饿与粮食安全议题；（10）和平与安全议题；（11）相关的偏见与歧视（基于种族、阶级、性别、宗教、语言、政治等产生的歧视）。共 11 项。

第四，全球史。

包括：（1）相互依赖程度随着时间加速；（2）事实的推论；（3）文化的起源与发展；（4）文化的接触与借用；（5）全球系统的演化；（6）冲突与随着时间解决冲突；（7）随着时间改变全球系统。共 7 项内容。

第五，跨文化理解与互动。

包括：（1）理解某人的文化与传统；（2）理解多元认同与忠诚；（3）对复杂的文化差异性与共同性的认同；（4）某一文化在世界体系中的角色；（5）从他者的观点看自己文化技术与经验；（6）从另一种文化价值观与世界观来看另一个文化与这个世界的经验；（7）与自己非常不同的人相处而扩展经验；（8）跨文化的沟通能力；（9）和不同文化的人一起工作的能力。共 9 项内容。

第六，人做选择的意识。

包括：（1）由个人、组织、当地社区、国家、区域、经济与政治结盟；（2）过去与现在的行动与未来的选择；（3）辨别人类行为的复杂性。共 3 项。

第七，发展分析与评估技巧。

包括：（1）从不同观点与世界观收集、分析与评价讯息；（2）批判思考技能（例如觉察偏见、承认潜在假设等）；（3）在质问时能辨识价值观与全球观的角色。共 3 项内容。

第八，参与融入的策略。

包括：（1）跨文化互动、参与与合作；（2）做决定并予以执行的机会；

（3）亲身参与体验真实生活中的问题；（4）从经验中扩大学习。共 4 项内容。

为了人类共同的利益，思考和寻找解决全球问题的方法是每个年轻人的神圣使命和和职责。

四、全球化中的通识教育

首先，在全球化背景下，大学通识教育是提升学生创造力和竞争力的有效途径。在咨询网络快速发展下，各国已进入国际化、多元化、咨询化、全球化的时代，大学面临着机遇也面临着挑战。比如，专才教育将会阻碍年轻一代的创造力、个人的幸福感受力，对生命的完整性造成破坏等。通识教育课程向学生传递不同时空的人类文明、多元文化，培养学生开放的心态，使其对不同的文化、传统、宗教给予理解和接纳，不排斥、不迫害与自己宗教和文化不同的群体。21 世纪是知识经济时代，知识经济时代完全不同于之前的农业社会和工业社会，将用"知识"取代农业社会的"土地"和工业社会的"资本"，"知识"成为主要的生产资料，未来各国的竞争主要是人力资本的竞争。因此，创造性人才的培养成为中国在全球化背景下提升其竞争能力的重大课题。全球化背景下，公民的知识与素养、对自身权利与义务的认知、对国家利益与人类利益的取舍均须借助大学通识教育课程来培育。因此，在全球化进程中，通识教育肩负起培育年轻一代的创造力、竞争力、提升其生存能力的重任。

在信息化时代里，由于信息技术的发展在很大范围内改变了学生的交流方式，同时也改变他们获取知识的渠道，学生的信息量也绝不亚于教师，所以信息的获得不是问题，信息的分析、解读、诠释才是问题。教师的职责是建构学生的知识体系，培养一个能理性解读信息、能把信息变为知识、能把知识内化为能力的人，培养学生的人文素养、科学素养，让学生具备掌握先进的方法去探究未知的科学领域的能力，保护学生的好奇心不被功利化的目标破坏。

随着全球化日益推进，世界各地大学也被卷入了全球化的浪潮之中，大学越来越成为一个全球性的教育机构。各个大学培养的人才，除了满足内需也必须适应全球化的外部环境。1994年，曾任美国加州大学伯克利分校校长的克拉克（Clark Kerr，1911—2003年）预测，21世纪世界各国大学面临的挑战是如何在教育内容的"国家化"与"国际化"之间、教育机会平等与学生能力取向之间、保存传统与展望未来变迁之间、大学教育功能的多元化与一元化之间、个人利益的追求与整体社会规范的建构之间维持应有的均衡。

其次，全球化背景下的通识教育是培养年轻一代反思历史教训、正视现实、关心人类共同利益的观念的有效途径。年轻一代应该铭记历史的教训并深思李约瑟难题。通过开设一些国际化的通识课程让学生思考人类的命运和共同利益，关注不平衡发展现状。在全球化背景下，世界各国人民受教育的机会与该国的经济实力高低有直接的关系，越是贫穷的国家，人民的识字率越低。而且，在全球化的浪潮之下，教育水准越低的国家的生产力也低，因此，跃居于世界资本主义分工体系的下游，这便是一个恶性循环。两次世界大战某种在意义上或主动或被动地推进了全球化进程。那时的中国积弱积贫，被蹂躏践踏。近100年来，中国人为了不被全球化的浪潮淹没，勤奋、好学、务实，创造了一个又一个奇迹。改革开放以来，中国经济平均增速近10%，成为全球第二大经济体，6亿多人脱贫，人均国内产值超过了7 000美元。中国人用30年完成了西方世界几百年走过的发展历程，这在人类发展史上也是独一无二的。这种前无古人后无来者的丰功伟绩，为人类的共同利益做出了卓越的贡献。并且随着中国自身的势力和国际地位的提升，中国已成为一个负责的大国，中国既关心自己民

68

族的命运也思考整个人类的前途、命运和共同利益。

人类也正处在一个挑战层出不穷、风险日益增多的时代。世界经济增长乏力，金融危机阴云不散，发展鸿沟日益突出，兵戎相见时有发生，冷战思维和强权政治时有发生，恐怖主义、难民危机、重大传染性疾病、气候变化等非传统安全威胁持续蔓延。

宇宙只有一个地球，人类共有一个家园。霍金先生提出关于"平行宇宙"的猜想，希望在地球之外找到第二个人类得以安身立命的星球，这个愿望什么时候能实现还是个未知数。到目前为止，地球是人类唯一赖以生存的家园，珍爱和呵护地球是人类的唯一选择。瑞士联邦大厦穹顶上刻着拉丁文铭文"人人为我，我为人人"。我们不但要为当代人着想，还要为子孙后代负责。

中国是一个负责任的大国，中国富强、稳定、和平发展符合并能促进的人类共同利益，正如习近平主席在演讲中声明的"各国相互联系、相互依存，全球命运与共、休戚相关，和平力量的上升远远超过战争因素的增长，和平、发展、合作、共赢的时代潮流更加强劲"。中国的强大将会为人类、为地球带来福祉，中华民族历来爱好和平，对和平、和睦、和谐的追求深深植根于中华民族的精神世界之中。中国自古就倡导"强不执弱，富不侮贫"，秉持着"国虽大，好战必亡。以和为贵、和而不同、化干戈为玉帛、天下大同"的箴言。

再次，通识教育是大学教会学生解读世界经济一体化、模式趋同化与中国经济发展趋势之间关系的一剂良药，并通过这剂良药增强年轻一代的文化自信心，为中国的发展做出贡献。

随着经济全球化步伐的加剧，世界各国、各地区的经济活动越来越超出国别和地区的范围而相互联系、相互依赖并逐渐走向一体化。一些全球的经济合作组织也应运而生，如欧洲联盟、北美自由贸易区和亚太经合组织、东盟 10+3 经济组织（10 代表东南亚 10 个国家，3 代表中韩日三国）、东亚经济组织联盟、非洲贸易联盟（中国作为观察国）等。虽然中国—东盟自由贸易区中大部分国家是发展中国家，但中国—东盟自由贸易区作为世界第三大自由贸易市场对世界经济的发展起着重要的作用。但我们也要清醒地认识到世界各国之间的经济联系程度逐渐加强，经济合作领域越来越多，经济来往越来越密切，而且各国之间经济合作是双向的，并非均衡，因为发达国家和发展中国家在国际上的分工不同且经济发展程度存在差异。

中国经历了市场经济的改革，在世界经济体中的地位越来越重要，同时金砖五国的成立也彰显出中国迈向世界强国的步伐。我国不仅是消费大国，同时也是生产大国，随着市场经济的快速发展，我国进出口贸易不断增长，对世界经济产生了一定的影响。中国是世界上增长最快的经济体之一，进出口贸易的发展会对贸易对象产生巨大的受益，并且为国际跨境投资创造有利的条件。如今，中国在国际上已具有举足轻重的地位，所以中国进出口交易量、人民币汇率等各项经济指标都会对世界经济格局产生一定的影响，这些主要体现在对世界实体经济、金融经济以及经济运行规则等方面。在世界经济发展过程中，中国担任着世界工厂的角色，很多跨国企业都在中国建立了加工基地，这就表明中国经济对世界实体经济的影响远远要大于外贸数据上显示的结果。中国在世界实体经济发展过程中扮演着重要的角色，中国为美国、日本等国的企业生产提供了大量的原材料和劳动力，成为主要的加工基地，这些产品成为发达国家市场的主要消费品，所以中国经济的变动会对这些国家产生重要影响。

五、全球化背景下大学教师面临的新挑战

（一）教育目的方面

随着全球化的加剧，知识的更新的脚步加快，学习不再是一劳永逸的事，教师在大学时所学的专业知识随着时代的瞬息万变，有的也成为旧知识，要想成为一个优秀的教师不仅要学习自己专业最前沿的新知识，还要了解不同于自己时代年轻一代的思想、行为、秉性以及学习、思考习惯以便于沟通交流，因此每位教师无论是年轻的还是老教师，建立终身学习的思想才是能站住讲台的前提。大学教师一定要将教学与科研紧密结合，随时管理和更新自己的专业知识，重视在职专业进修、国外研修和提升职场竞争力，具备国际视野，拥有全球竞争力。

（二）教师角色方面

1. 教师角色的转变

在传统社会，教师的角色在于"传道、授业、解惑"，但在全球化、资讯化、一体化的时代中，教师角色如果仅限于此，显然是不够的，当下的学生可以通过各种途径获得知识，学生的知识丰富程度也不亚于教师，教师的存在在于启迪智慧、发现学生的潜能、协助学生看到各种知识之间的内在联系，看到知识是如何被利用以及在多大程度上能被用来解决自己面临的问题。在信息化时代，教会学生如何辨别信息的真伪、价值以及整合信息将信息变为知识，将知识变为能力。教师肩负着在全球化背景下培养有中华民族认同、中华民族文化和文明认同的年轻一代。

2. 打造新型的师生关系

师生关系，从传统的教与学关系变为共同探讨共同学习的合作者的关系，教师和学生不再识信守师道尊严的关系，而是亦师亦友的关系，在同一场域中分享彼此知识和情感，以互为主体性的方式教学。

（三）学习组织方面

随着全球化、资讯化时代的到来，学校已经不是唯一获取知识的场域，在教育组织、管理系统内，充分利用信息技术来完成管理和提升教师的学习力，增进教师、行政人员、专家学者彼此之间相互交流学习与分享，使学校的管理能力不断提升。在管理方面，组织管理者参与对话、交流，引导系统内成员不断进行知识创新、流程创新和管理策略创新，站在全球化的平台上，用国际视野解决问题，不拘泥于乡土情怀，或偏安一隅、鼠目寸光，鼓励教师进行创意教学，培养学生的创造力，通过一套行之有效的模式，以新思维新方法来面对全球化挑战。

第二节　通识教育提升应对全球化困境之素养

一、全球化带来的现实困境

新华社报道：

瑞士小镇达沃斯、世界经济论坛 2017 年年会现场，民粹主义、保护主义、孤立主义等各类逆全球化思潮的行动和思想成为与会者热议话题，也是众人忧虑的焦点。对此，达沃斯专家指出，经济不平等问题加剧等因素是反全球化风潮出现的根本原因。

通常认为，最近一轮全球化始于 20 世纪 80 年代，由科技进步推动、跨国公司先行、美国主导、发达国家引领，它塑造了过去近 30 年的国际格局。然而，随着世界经济力量的消长，这一轮全球化势头逐渐减弱，尤其是 2008 年肇始于发达国家的金融危机加速了其能量衰减。2016 年出人意料的英国是否脱离欧盟公投和美国大选结果更令全球化遭遇重挫。

达沃斯专家认为，反全球化风潮出现的根本原因是全球部分地区经济不平等问题加剧，资源分配不公，社会上的被遗弃感和不安全感增强，从而让民心转向打"民粹牌"的政治人物，将他们作为最后一根救命稻草。

国际慈善组织乐施会 2017 年 1 月 17 日发布的一份研究报告说，目前全球最富有 8 人坐拥的资产相当于占世界人口一半的、约 36 亿最贫困人口的财富总额，贫富差距日益扩大。世界经济论坛近日在伦敦发布的《2017 年全球风险报告》也警告，日益加剧的收入和财富不平等问题将是今年全球经济面临的首要风险。

英国全民公投决定脱离欧盟，主张"美国优先"的特朗普赢得美国大选，意大利修宪公投失败，时任总理伦齐宣布下台，"疑欧派"占据上风……全球出现逆全球化风潮。英国首相特雷莎·梅在达沃斯解释说，这是因为民众认为主流政治领导人太久没有倾听他们的诉求。

全球化让世界相互依赖性增强的同时也为富国打压、剥削、宰制发展中国家提供了机会。中国和其他发展中国家不断地被排除在西方发达国家经济圈之外，不断地被非难都是极其明显的事实，冷战后的美国作为全球发展的中心国家凭借其经济、军事、科技等优势不断地打压中国的发展空间，不管是重返东亚还是亚洲战略再平衡都，将矛头指向中国。此外，对其他地区更是横加干涉和控制，伊拉克战争、利比亚战争使昔日稳定、富足的国家被一场战争送上了不归路，人民流离失所、无家可归。当代语言学大师乔姆斯基（Chomsky）指出，全球化是作为中心国家的美国对边陲国家的宰制，他说："过去，许多全球性议题都以主权概念的方式架构。也就是说，政治实体依循本身路线——可以是良善或是丑恶不堪的权力，而且能够免于外来干预而加以完成。 在真实的世界内，这意味着被高度集中的权力所干预，而美国正是其主要核心。集中全球力量有着各种称呼方式，有时它被称为华府共识、华尔街与财政部的复合体、北大西洋公约组织、 国际经济官僚（世界贸易组织、世界银行和国际货币基金组织）或是七大工业国 （G 7， 西方富裕的工业国家：即加拿大、法国、德国、英国、意大利、日本、美国七国）或三国集团（G3），干脆更确切地说，通常指的是一国独大的美国 （G1）。" 在西方主宰的全球化背景下，发展中国家的发展空间被不断地挤压，贫穷国家被边缘化，教育机会也因为经济欠发达而被阻隔。被西方强国主宰的全球化不能持久地为人类带来福祉，弱国越弱，贫国越贫。全球化令人类文化、语言、风俗的多样性、民族的优秀的传统文化独特性逐渐消亡。这一点从西方列强殖民亚非拉民族的历史中可以看到，非洲很多国家在 20 世纪的全球化，即西方列强的殖民下已经失去了自己的民族语言、宝贵民族传统和文化。法国、英语、西班牙语等分别成为被其殖民过的非洲国家的官方语言，这样就导致语言、文化多样性的消失，本民族的语言的逐渐消亡，很多国家由于贫弱、落后等因素没有能力保护和保存自己的文化。正如《世界又平又热又挤》作者汤玛士·佛里曼指出，天涯若比邻的结果正是文化思潮、思想体系互相影响的传播时代正式来临，强势文化总是占尽优势，但却造成世界"能源危机"及"粮食短缺"。且后现代化（Postmodernism）的思潮笼罩下，人之主体意识逐渐消失（Disappear）、分解（Decompose）、断裂（Rupture），形成"商品化"（Commercialization），趁势借媒体之助袭向普罗大众，社会文化仿佛失了根。

二、通识教育提升学子对历史与现实的批判反思能力

19 世纪末到 20 世纪在由西方主导的自西向东的全球化中，中国由于积弱积贫而没有应对全球化的能力，所以一直被动挨打、被凌辱、被迫害，中国付出了几千万人的伤亡和巨大牺牲。中国人民对被侵略、被奴役的历

史记忆犹新并得到的历史教训，即不能被全球化边缘化，更不能被全球化拒之门外，要主动应对全球化的挑战，正如习近平主席在达沃斯演讲中阐述的，全球化就好比是世界经济的大海，你要还是不要，都在那儿，是回避不了的。想人为切断各国经济的资金流、技术流、产品流、产业流、人员流，让世界经济的大海退回到一个孤立的小湖泊、小河流是不可能的，也是不符合历史潮流的。正确的选择就是融入其中，积极主动地应对挑战。"一带一路"战略就是为了应对全球化的挑战、突出重围，把中国带入世界舞台。为了预防全球化文化危机，也为了使中国的传统多样性文化、独特传统、语言免于被同化、异化，通识教育须向学生传递儒家文明的精髓、正确的价值观，引导学生阅读经典，通过经典阅读培育学生的文化自信并提升对优秀的传统文化不足的批判，进而探索儒家文化的复兴之道。中国有了不起的文化和技术，但是我们的不足在哪里？如何弥补不足？

通过对中国儒家、道家、法家、佛家以及中国科技史等经典的阅读我们会发现，在公元前 1 世纪到公元 16 世纪之间，古代中国人在科学和技术方面的发达程度远远超过同时期的欧洲。当中华文明沉浸在中国的政教分离、文官选拔制度、私塾教育和诸子百家流派之时。西方社会还处于政教合一、世袭制、教会控制教育等非常落后和不文明时期。中世纪的欧洲在政教合一制度下人性遭到极大的压抑，尤其是教会极端蔑视人性，判定人生下来就是有罪的、肮脏的、下贱的，每个人的短暂一生就是为赎罪而活着。可以认为，中世纪 1000 多年的漫长历史进程中，欧洲社会发展基本处于停滞状态，故被历史学家称为"黑暗的中世纪"。中世纪的欧洲，教会是西欧封建统治的国际中心，罗马教皇被视为上帝在人间的最高代表，教会宣称"教皇的权力好比太阳，国王的权力好比月亮，它的光辉是向太阳借来的。"所以教皇有权废立国王，地位至高无上。按封建等级制的原则，教会建立了自己的教阶制度，有一套严密的组织系统。教皇之下设有大主教、主教等神职，主教各有辖区，管理本区宗教事务。中世纪（Middle Ages）（约公元 476 年—公元 1453 年），是欧洲历史上的一个时代（主要是西欧），自西罗马帝国灭亡（公元 476 年）到文艺复兴和大航海时代（15 世纪末到 17 世纪）之前的这段时期。

　　而同时期的中国处于中华文明的黄金时期，比如 476 年南北朝时期，然后 581 年隋朝建立，618 年唐朝建立，907—960 年五代十国，937 年契丹建国，960 年北宋建国，1115 年金朝建国，1127 年南宋建国，1279 年元朝统一，1368 年明朝建立，1453 年处于明朝中前期。这个时期的西方世界无论是政治制度、文化制度，还是科技发明都是没法和中国相提并论，此时的西方文明远远落后于中华文明。据有关资料显示，从公元 6 世纪到 17 世纪初，在世界重大科技成果中，中国所占的比例一直在 54%以上。中华文明的博大精深毋庸置疑，也必将再现辉煌。但是，为什么会有无法破解的李约瑟难题——由英国学者李约瑟（Joseph Needham，1900—1995 年）提出，他在其编著的 15 卷《中国科学技术史》中正式提出此问题，其主题是："尽管中国古代对人类科技发展做出了很多重要贡献，但为什么科学和工业革命没有在近代的中国发生？"1976 年，美国经济学家肯尼思·博尔丁称之为李约瑟难题。李约瑟难题其实质是：为何近现代科技与工业文明没有诞生在当时世界科技与经济最发达繁荣的中国。欧洲经历了一千年宗教的黑暗时期，希腊、罗马的古代典籍也被欧洲中世纪的焚书毁灭，欧洲从阿拉伯帝国保存的希腊、罗马古籍在复兴了希腊、罗马文化的同时消化吸收了中华文明的科技与产业、体制与文艺等成就，从而诞生了近现代科技与工业文明——全球化的文明。很多人进一步推广李约瑟难题，出现"中国近代科学为什么落后" "中国为什么在近代落后了"等问题。对此问题的争论一直非常热烈。中国著名科学泰斗钱学森曾提出，为什么中国的大学总是培养不出杰出人才？此问题被学界称为：著名的"钱学森之问"。这与李约瑟难题相同，是对中国科学技术的关怀。

李约瑟这个被称为"热爱中国的男人"在《中国科学技术史》中不仅提出了问题，而且花费了多年时间与大量精力，一直努力地试图寻求这个难题的谜底。虽然他所寻求的答案还缺乏系统和深刻，就连他自己也不甚满意，但却为我们留下了探索的足迹，为这个难题的解答提供了有价值的思索成果。

李约瑟从科学方法的角度得到的答案：一是中国不具备宜于科学发展的自然观；二是中国人太讲究实用，很多发现滞留在了经验阶段；三是中国的科举制度扼杀了人们对自然规律探索的兴趣，思想被束缚在古书和名利上，"学而优则仕"成了读书人的第一追求。李约瑟还特别提出了中国人不懂得用数字进行管理，这对中国儒家学术传统只注重"成德"而不注重"成器"的教育关系密切。

李约瑟个人见解还认为中国科学技术难以得到发展，是因为缺乏科学技术发展的竞争环境。他认为，自从中国秦朝大一统后，中国的封建社会，实行"封建官僚制度"即中央集权制，教育文化科技都在中央政府统一指令下发展，不具备竞争要素环境。李约瑟所谓"封建"是指中央集权，所谓"官僚"是指皇帝直接管理官员，地方行政只对朝廷负责。官僚思想深刻地渗透到整个中国人的复杂思想中。甚至在民间传说中，也充满了这种思想。科举制度也鼓吹这种"封建官僚制度"。

这种制度产生了两种效应。正面效应加上科举制度的选拔，可以使中国社会将近一半的男性都有机会通过科举制度合理向上流动，非常有效地集中了大批聪明的、受过良好教育的人，参与管理国家事务中，这是同时期欧洲实行的世袭制和教皇集权下政教合一体制所无法企及的。他们的管理使得中国社会井然有序，并使中国发展了实用化研究方法的科技。但这种"封建官僚制度"的负面效应是，使得新观念很难被社会接受，新技术开发领域几乎没有竞争。在中国，商业阶级从未获得欧洲商人所获得的那种权利。中国历代的"重农抑商"政策表明了在那些年代的官僚政府的指导性政策。比如明朝末期的宋应星在参加科举失败后撰写《天工开物》，在一个"士"优于"商"的时代，官员对商业和科技的态度，基本是不会重视的。

秉持通识教育理念将不同时空的文明引入通识课程体系，通过对人类经典的研读，强调以理性、批判的态度从现代的观点出发，引导学生接触并深思中西伟大经典中所蕴含的智慧，从而拓展自己的生命高度和深度，使自己的生命变得厚重。在人文学科中人类的文明和智慧已道尽，后人需要潜心的靠近和解读，因此培育学生对经典的解读，是通识课程目标之一。读史可以使人明智，借鉴以往可知未来。历史是一面镜子，中国为人类创造了辉煌灿烂的文明，但是由于很长一段时间中国游离于世界先进制度之外，当西方工业革命成功后，为推进全球化进程，满世界寻找原材料、寻找市场时，中国就沦为被西方列强宰割的鱼肉，历史告诉中国人，融入全球化不是最好的选择，但也不是最坏的选择。

第四章　儒家轴心文明前世与今生

第一节　儒家轴心文明

王阳明《咏良知四首示诸生》之一：

个个人心有仲尼，

自将闻见苦遮迷。

而今指与真头面，

只是良知更莫疑。

——外在的"仲尼"或者"闻见"作为衡量善恶之标准都是靠不住的，真正的准绳是内心的良知。

王阳明《咏良知四首示诸生》之二：

问君何事日憧憧？

烦恼场中错用功。

莫道圣门无口诀，

良知两字是参同。

——大本大源是道是至善，良知是认知道和至善的功能，其一直在心中，未曾远离，只是日用不知，有时甚至违背之。错用功就是丢下良知，却向外找寻善恶之判别依据。

王阳明《咏良知四首示诸生》之三：

人人自有定盘针，

万化根源总在心。

却笑从前颠倒见，

枝枝叶叶外头寻。

——阳明先生在这里也反思了自己悟道前的错误。定盘针、根源这些搞不清楚，只能是南辕北辙、所为颠倒。

王阳明《咏良知四首示诸生》之四：

无声无臭独知时，

此是乾坤万有基。

抛却自家无尽藏，

沿门持钵效贫儿。

——抛弃自己的"金山银山"，却仿效贫儿托钵向外面乞讨别人丢弃的垃圾。

儒家是中国文化的主流，进入日常生活的每一个角落，儒家思想体现在传统中国各种制度中，上自朝廷的典章礼仪、国家的组织和法律、朝廷礼乐，下至学校组织、社会礼俗、族规家法、个人秩序、社会秩序、国家秩序、世界秩序、人类秩序都可以在儒家学说中找到依据，儒家文明是一种哲学。个人自律、人与人——仁爱、人与社会利他、主张天下大同、人与自然天人合一。这是人类普遍向往的世界存在方式，人类没有理由拒绝。儒家的这一体系在全球化进程中对世界新秩序的建立具有非凡的指引作用，儒家思想对东亚的近现代经济发展有多方面的影响。社会学家罗伯特·贝拉指出，德川幕府时期的儒家思想有利日本现代化[1]，日本儒家强调臣民对政治领袖的精忠不二，有助政府调动资源，在现代化中担当强大主导角色。

[1] 李明辉著.儒家视野下的政治思想.北京大学出版社，2005，1.

现代东亚经济成功，现代化形态有异于欧、美的现代化模式，社会学家彼得·博格归因于"通俗的"（Vulgar）儒家思想，如尊重上下之别、献身家庭、重视纪律、勤俭精神等。[1] 儒家伦理也许有助大规模工业化；儒家强调自我克制，重视教育，文化普及，识字率高，人力资源丰富，力求掌握各种技术，工作态度严肃，对家庭有高度责任感，努力工作，勤于储蓄，并以集体为先，重视纪律、人际关系及相互合作，上下有序，浑然一体，推动了20世纪后期东亚地区的工业化，有助日本和"四小龙"的经济起飞。[2] 职责分明、国泰民安的国家秩序；太平盛世、没有战争的天下秩序。"家文化"在儒家文化中扮演着重要的角色，家庭内部的礼仪规范是一切礼仪规范的起点，关于这一点晏子曾曰："礼之可以为国也久矣，与天地并。君令臣共，父慈子孝，兄爱弟敬，夫和妻柔，姑慈妇听，礼也。君令而不违，臣共而不贰，父慈而教，子孝而箴，兄爱而友，弟敬而顺，夫和而义，妻柔而正，姑慈而从，妇听而婉，礼之善物也"。[3] 晏子对齐景公说，礼，可以治理国家，由来很久了，和天地相等。国君发令，臣下恭敬，父亲慈爱，儿子孝顺，哥哥仁爱，弟弟恭敬，丈夫和蔼，妻子温柔，婆婆慈爱，媳妇顺从，这是合于礼的。国君发令而不违背礼，臣下恭敬而没有二心，父亲慈爱而教育儿子，儿子孝顺而规劝父亲，哥哥仁爱而友善，弟弟恭敬而顺服，丈夫和蔼而知义，妻子温柔而正直，婆婆慈爱而肯听从规劝，媳妇顺从而能委婉陈辞，这又是礼中的好事情。这是对父子、兄弟、夫妻、婆媳这四种关系得以和谐发展的基本要求，也是建立家庭秩序的准则，依晏子所论，家庭关系的美满和谐也是"礼之可以为国"的一个极重要的方面。在日常家务中建立个人的内在秩序；在侍奉父母中提升自己的涵养和培育自己的恭敬心；学会与自己、与父母、与兄弟、与妻子、与朋

[1] 林端著. 儒家伦理与法律文化：社会学观点的探索. 中国政法大学出版社, 2002, 139.
[2] 张德胜著. 儒商与现代社会：义利关系的社会学之辨. 南京大学出版社, 2002, 37-38.
[3] 郭丹、程小青、李彬源译注. 左传. 中华书局, 2012, 756.

友相处之道，等到了在社会中活动时，其内化了的涵养会迁移到社会生活中，从而形成了良好的社会秩序或公序良俗。

修身、齐家、治国、平天下之间的逻辑关系在《大学》中的表述"古之欲明明德于天下者，先治其国；欲治其国者，先齐其家；欲齐其家者，先修其身；欲修其身者，先正其心；欲正其心者，先诚其意；欲诚其意者，先致其知，致知在格物。物格而后知至，知至而后意诚，意诚而后心正，心正而后身修，身修而后家齐，家齐而后国治，国治而后天下平。"[1]在全球化进程中，试做一个这样的逻辑推理，每个人都懂得何为善，并愿意行善；每个家庭长幼序、相敬如宾、妻贤子孝；每个国家国泰民安、政治清明、无盗贼出入、夜不闭户；国家与国家之间和平相处、礼尚往来（这是中国古代与其他国家相处的模式），没有争霸、掠夺、战争、善待地球，相互合作，把投入战争的钱用来保护环境、救助更贫困的人，呈现天人合一、天下大同的盛世景象。这应该是人类存在的状态，为什么不以这种状态存在？

所谓修身，君子慎独、慎微、慎欲。慎独，就是自律、慎微，《三国志·蜀书·先主传》："勿以恶小而为之，勿以善小而不为。惟贤惟德，能服于人。"[2]这是刘备临终前对儿子刘禅如是说。让刘禅不要轻视小事，"小"中有大。"小"水滴不断滴下，力可透石；"小"火星足以燎原；"小小"的一句话，足以影响一国之兴衰；"小"不忍，即足以乱大谋；每日一件"小小"的善行，足以广结善缘；勿以善小而不为，"善小"不是"不足道"的，"善小"也含有"大义"。时时谨记"千里之堤，溃于蚁穴"的道理。慎欲，就是要经得起诱惑，耐得住寂寞，《老子·俭欲第四十六》："罪莫大于甚欲，咎莫大于欲得，祸莫大于不知足。故知足之足，常足矣。"[3]意

---

[1] 朱熹著.四书章句集注.中华书局，2011，4.

[2] （晋）陈涛撰.（宋）裴松之注.三国志.中华书局，2011，727.

[3] 汤漳平，王朝华译注.老子.中华书局，2014，181-182.

思是说：没有比放纵欲望更大的罪过了，没有比贪心更惨的灾祸了，没有比不知满足更大的祸患了，所以知道满足这种满足，就是永远的满足。以清心寡欲、淡泊名利的君子自居，以"一日克己复礼，天下归仁焉""己欲立而立人，己欲达而达人"[1]的仁道处事处人。一个人经营不好自己，又如何期待他去成就大业呢？

所谓齐家，一个人先把自己的家庭管理好再平天下，妻贤子孝、长幼有序。"有子曰：其为人也孝悌，而好犯上者，鲜矣；不好犯上，而好作乱者，未之有也。君子务本，本立而道生。孝悌也者，其为仁之本与！"[2]（《论语·学而》）意思是，有子说："若其人是一个孝悌之人，而会存心喜好犯上的，那必很少了。若其人不喜好犯上，而好作乱的，就更不会有了。君子专力在事情的根本处，根本建立起，道就由此而生了。孝悌该是仁道的根本吧？"

党中央也意识到家风对党风建设的重要性，因此中纪委网站开"家规"专栏倡"孝义"。[3]

大量腐败案例受家庭影响

"反腐、'纠风'与社会风气紧密相关，相互影响"，中纪委特约监察员、中国人民大学政治学教授周淑真接受新京报采访时表示，中纪委屡倡家风、家规，主要目的都是"正风"，倡导良好的社会风气。

"十八大以来，中纪委反腐一直是多管齐下：打虎拍蝇、营

---

[1] 朱熹著.四书章句集注·论语·颜渊.中华书局，2011，125.

[2] 朱熹著.四书章句集注·论语·颜渊.中华书局，2011，50.

[3] 新京报记者王姝报道.中纪委网站开家规专栏：大量腐败案受家庭影响.人民网，2015年5月3日，http://people.com.cn/.

造不敢腐的氛围；加强制度建设，打造不能腐、不敢腐的制度机制；'纠风'，扭转社会风气"，家庭是社会的细胞，"大量贪腐官员的案例，特别是'身边人'腐败案例表明，其贪腐或是受到了家庭、家族的影响，或是将家庭、家族作为敛财的工具，为亲属经商提供便利、让亲友代为收钱等。因此，中纪委一再重申家风、家规，强调社会家庭文化方面也要守规矩"

2015 年，中共中央印发《中国共产党廉洁自律准则》（以下简称《准则》）。[1]

《准则》如同"三大纪律八项注意"，简洁明了，全文 281 字，核心内容是 4 个必须、8 条规范。8 条规范中，前 4 条针对全体党员，后 4 条针对党员领导干部。其中第 8 条为：廉洁齐家，自觉带头树立良好家风。这是"齐家"首次被列入党的规章中，领导干部家风受到空前关注。

正如习近平总书记所说，领导干部的家风，不是个人小事、家庭私事，而是领导干部作风的重要表现。中央深改组第十次会议强调，各级党委（党组）要重视领导干部家风建设，把它作为加强领导班子和领导干部作风建设的一项重要内容，定期检查有关情况。

"中华民族传统文化历来都讲德法相依、德治礼序，家规族规、乡规民约传承着中华文化的DNA。"10 月 23 日，中央纪委书记王

[1] 沐风. 古代名人如何"廉洁齐家". 人民日报海外版，2015 年 12 月 11 日，
http://www.ccln.gov.cn/dangshidagjian/dangjian/lzjs/ffyj/165285.shtml.

岐山发表署名文章解读《准则》。而践行准则，不妨从中华文化中寻找DNA，看看中国古人是如何"廉洁齐家"的。

从"江南第一家"到"四知堂"

重视家庭，是中华民族一大特点。"国"与"家"互不可分，"修身齐家治国平天下"是一个递进进阶，治国先治家，治家必有家规。

在中央纪委监察部网站的"中国传统中的家规"专题中，第一个被推出的家规是《郑氏规范》。

《郑氏规范》，是被明朝开国皇帝朱元璋钦赐"江南第一家"的郑氏一族的家规。"江南第一家"，即郑义门，位于浙江省金华市浦江县郑宅镇，家族素有好学的风尚和孝义的名声。

浦江县博物馆副馆长张智强发现，从宋、元到明、清，郑义门约有173人为官，尤其是明代，出仕者达47人，官位最高者位居礼部尚书。令人惊叹的是，郑氏子孙中，竟没有一人因贪墨而罢官者。

秘诀何在？张智强介绍，《郑氏规范》168条家规中，86、87、88三条涉及到为政廉洁方面，是针对出仕当官的人规定的。

如86条："既仕，须奉公勤政，毋踏贪黩，以忝家法。任满交代，不可过于留恋；亦不宜恃贵自尊，以骄宗族。仍用一遵家范，违者以不孝论。"家规中，对子孙出仕为官、任满离职等有明确规范性要求，违者被视为不孝。

研究者发现，作为郑氏家族管家治家的法宝，《郑氏规范》精华有三：一是厚人伦，崇尚孝顺父母、兄弟恭让、勤劳俭朴的持家原则；二是美教化，开办东明书院，注重教育，且教子有方；三是讲廉洁，从家庭角度制约为官者"奉公勤政，毋蹈贪黩"。

浙江师范大学法政学院教授毛醒策对《郑氏规范》有极高评价。在他看来，中国的家训制度，大约有三个历程。第一个是《颜氏家训》，第二个是宋代司马光的《家仪》，这两者理论性较强。而第三个里程碑，《郑氏规范》最大的特点是比较注重家规的操作性，把儒学的追求转化为可操作的细节。"这个家族能够三百年繁荣昌盛，跟可操作性强的家规有密切的关系。"

所谓治国平天下，在《礼记·乐记》中说："君子於是语，於是道古，修身及家，平均天下，此古乐之发也。"[1]说明，修身齐家平天下中的平是指天下平和。儒家的政治理想在于建立天下太平的社会秩序。而实现这一理想的逻辑起点在于修身，这一点在《大学》中充分地体现，全文在阐释"平天下在治其国"的主题下，具体展开了如下几方面的内容。一、君子有絜矩之道；二、民心的重要，得众则得国，失众则失国；三、德行的重要，德本财末；四、用人的问题，唯仁是用，为才是用二者之间的权衡；五、利与义的问题，国不以利为利，以义为利。所谓絜矩之道，是在强调以身作则的示范作用方面。儒家的体系里完整地管理个人、管理家庭、管理国家的一套准则是治愈西方现代文明治理下世界困境的希望。因此，在全球化视域中，环顾四周的文明，用儒家文明来治理世界是一种不错的选择，更何况儒家文化的全球化也是被历史见证过的。

[1] 胡平生，张萌译注. 礼记. 中华书局，2017，711.

以上儒家教育是基于对生命的尊重、对人内在价值和潜质的深信通过教育挖掘人性中善种子，使人性中美好部分大放光彩，这就是儒家思想中对人的终极关怀与人文怀精神。

正是儒家思想这种不同凡响的特质，自诞生至今，它都是世界各色人种争相学习的典范，这对儒家文明的热忱推动了其全球化的进程。因此，全球化并不完全是新现象，古丝绸之路就是一个例证。全球化是因为世界观、产品、概念及其他文化元素的交换，所带来国际性整合的过程。[1] 从这个意义上讲丝绸之路的确走的是产品、概念、文化、世界观国际性的大交换和大整合路线。这一古代的横跨亚欧大陆和海上丝绸贸易通道证明了经济、文化全球化在过去的确存在，而且使中国成为全球化的中心。现代全球化进程则在西方开启，向东方发展，北美和欧洲国家最先受益。古代儒家文化创造了人类的轴心文明，中国成为这一文化圈的中心。

文化圈（Cultural Circle）理论是由文化人类学家莱奥·弗罗贝纽斯首先提出的。弗里兹·格雷布内尔在 1911 年出版的《民族学方法论》一书中使用文化圈概念作为研究民族学的方法论。他认为，文化圈是一个空间范围，在这个空间内分布着一些彼此相关的文化丛或文化群。从地理空间角度看，文化丛就是文化圈。文化实际上主要包括器物（物质文化）、制度（制度文化）和观念（精神文化）三个方面，具体包括语言、文字、习俗、思想、国力等，客观地说文化就是社会价值系统的总和。对于文化的构成有不同的说法，其中最常见的是物质文化、制度文化和精神文化"三层次说"："器物层次"——人类为了克服自然或适应自然，创造了物质文化，简单说就是指工具、衣食住行、生产技术、天文、医学等人类生活所必需的东西。人类借助创造出来的物质文化，获取生存所必需的东西；"制度层次"——为了与他人和谐相处，人类创造出制度文化，即道德伦理、

---

[1] Albrow, Martin and Elizabeth King (eds.) (1990). Globalization, Knowledge and Society London: Sage. ISBN 978-0-8039-8324-3 p. 8.

社会规范、社会制度、风俗习惯、典章律法、律令制度、科举制度、政治制度等，人类借助这些社群与文化行动，构成复杂的人类社会；"理念层次"——为了克服自己在感情、心理上的焦虑和不安，人类创造了精神文化。比如，艺术、音乐、戏剧、文学、宗教信仰等。人类借助这些表达方式获得满足与安慰，维持自我的平衡与完整。耶鲁大学历史教授，著名汉学家芮乐伟·韩森教授（著有《开放的帝国：1600年之前的中国》《传统中国日常生活中的协商：中古契约研究》《变迁之神——南宋时期的民间信仰》等汉学专著）认为：如果只看货物贸易的重量与往来的人数，丝绸之路是历史上交通流量较少的道路之一；丝绸之路之所以改变历史，很大程度上是因为丝绸之路上穿行的人们把他们各自的文化在沿线传播。

奥地利学者W.施密特认为，文化圈不仅限于一个地理空间范围，它在地理上不一定是连成一片的。世界各地可以同属一个文化圈，一个文化圈可以包括许多部族和民族，是一个民族群。在一个文化丛相关的不同地带，只要有一部分文化元素是相符的，它们就同属一个文化圈，如儒家文化圈（东亚文化圈）、北美文化圈等。文化圈是独立持久的，也可以向外迁移。一个文化圈之内的整个文化，包括人类生活所需要的各个部分，如器物、经济、社会、宗教等。向外迁移的不仅是整体文化的个别部分，也可能是整个文化模式。按照这一观点，世界有五大文化圈：拉丁文化圈、汉字文化圈（东亚文化圈）、伊斯兰文化圈、印度文化圈、东正文化圈。其中，汉字文化圈（东亚文化圈）：代表儒学文化和后来的佛教文化，包括中国、日本、朝鲜、韩国、越南等国，以及以华语作为民族语言之一的新加坡。因为中国是东亚文化圈的文化扩散中心，所以中国成为东亚文化圈的核心。而表现在东亚文化圈的共同特色有：汉字、儒家思想（例如这些地方都设有孔庙）、以中国律法为蓝本所制定的法律制度、中国化的佛教。

无论是"古丝绸之路"，还是今天的"一带一路"，向人类贡献都是儒家轴心文明的——非攻、兼爱、仁爱、"穷则独善其身，达则兼济天下""天下大同"等人类和平、和谐相处的智能，以和为贵、和而不同的包容精神。儒家文明的情怀，也为中国今天兼济天下做了精神准备：中国的经济崛起没有文化的崛起来支撑注定是走不远的，中国经济的全球化一定是以儒家文化的全球化作为强大后盾的，否则是不可思议的。英国、美国的崛起，分别以"自由贸易""民主人权"作为价值体现，这些价值也被世界普遍接纳，中国的"一带一路"倡议，将会让世界再次见证：拥有五千年文明的中国是如何用行动证明"非攻""兼爱""以和为贵""天下大同"这些思想的，中国人自古热爱和平希望人类相互和平相处、远离战争。欧盟的核心价值规范可归纳为：和平、自由、民主、法治和尊重人权。有意识地积极在国际舞台上推行自己的价值观和展示自己的规范力量，此举不但获得了世界范围内的广泛认同，令世界各国看到不同于美国的另一种价值取向，也为欧盟在国际事务中发挥更大的影响力奠定了基础。

期待通过"一带一路"向人类表达中国希望世界永久和平、人类共同走向繁荣富强、天下大同的儒家思想，作为精神性人文主义的儒家文化，有其独特的个人身体、心知、觉醒以及与神明如何融会贯通；人与人之间相处之道，通过家庭、社会、国家和世界形成健康互动；人类和自然——天人合一取得持久和谐；人心与天道相辅相成。目前世界面临的区域不稳定和局部冲突需要儒家的文明来治理。

第二节　儒家文明全球化的前世

儒家，又称儒学，是东亚地区的一种思想、哲理与宗教体系，中国思想文化主流。是人类了不起的文明，对人类的进步做出了杰出的贡献，试想如果没有创立儒家文明，亚洲又会是怎么样的文化样态呢？文明（Civilization）一词源于拉丁文 Civilis，有"城市化"和"公民化"的含义，引申为"分工""合作"，即人们和睦地生活于"社会集团"中的状态，也就是一种先进的社会和文化发展状态，以及到达这一状态的过程。其涉及的领域广泛，包括民族意识、技术水准、礼仪规范、宗教思想、风俗习惯以及科学知识的发展等。文明拥有更密集的人口聚集地，并且已经开始划分社会阶级，一般有一个统治精英阶层和被统治的城市和农村人口。这些被统治的人群依据分工集中从事农业、采矿、小规模制造以及贸易的行业。文明集中权力，并且将人类对自然的控制力做极大的延伸。[1] 四大文明古国，或称四大古文明，是流行于汉语文化圈的一个概念，一般指古埃及、美索不达米亚、古印度及古中国这四个地区，是人类文明最早诞生的地区。四大文明古国是四大古文明的旧称，而四大古文明也是比较合理的说法，其中四大古文明的意义并不在于时间的先后，而在于他们是现代文明的发源地，亦可以说是一个创造点。西方历史学也有相当于"四大文明古国"的概念，或者诸如"文明的摇篮"等的类似概念。[2]

　　全球化是因为世界观、产品、概念及其他文化元素的交换所带来的国际性整合的过程。[3] 如果依据西方学者给全球化的定义，丝绸之路把儒家文明的一些元素，如丝绸、茶叶、指南针、火药以及其他的文化元素，造井技术、印刷术、科举制度、造纸术等沿着丝绸之路向世界传播，并在沿途国家产生了文化整合、文化涵化后继续传播。

　　文化涵化是人类学文化变迁理论中的一个重要的概念，是一种文化从其他文化中获得对新的生活条件的适应过程，是在过程中的文化传递、交流。[4] 《简明文化人类学词典》一书中将文化涵化定义为两种或两种以上的文化相互接触、影响、发生变迁的过程。文化涵化的前提是"文化接触"。

---

[1] Michael Mann, *The Sources of Social Power*, Cambridge University Press, 1986, vol. 1 pp. 34-41.

[2] Andrew Marr, *A History of the World.*, Macmillan Pess. 2012: pp. 100.

[3] Albrow, Martin and Elizabeth King (eds.), "*Globalization, Knowledge and Society*" Journal of Sage. 1990, , 24（3）, pp. 8.

[4] 陈国强，石奕龙著. 简明文化人类学词典. 浙江人民出版社，1990，93—94.

通过一段时间的相互影响，可以使接触的双方都发生一定的变化。其结果如下：首先，包括自愿接受的"顺涵化"（Positive Acculturation）和被迫接受的逆涵化（Negative Acculturation），即对抗涵化。最早使用"涵化"一词的是美国著名人类学家鲍威尔，他在 1880 年写的《印第安语言研究导论》中谈到，在百万文明人的压倒之势的情况下，涵化的力量造成土著文化巨大的变迁。赫斯科维茨在 1938 年出版的《涵化——文化接触的研究》是最早论述涵化这一文化现象的专著之一。博厄斯在 1896 年写的《美洲神话学的成长》一文讨论北太平洋沿岸印第安人民间故事时指出，不同部落的涵化，其结果使他们大多数的文化特征变得一样。

除此之外，有些人类学家在 20 世纪 20 年代末 30 年代初便致力于"文化涵化"研究。早期的研究成果都在 1932 年出版。一是比尔斯（L.Beals）的《马约文化中的土著遗存》，着重讨论文化接触的问题；二是特恩窝尔德（R.Thurnwald）的《涵化的心理学》，第一次提出涵化心理学问题并对其概念和过程作了系统的分析；三是米德的《印第安部落的变迁中的文化》，描述一个北美印第安部落安特勒人与白人的文化接触从开始到最终的结果。比（R.L.Bee）在《模式与过程》一书中提出，涵化的定义有几个特点：第一，涵化是文化变迁的一种，当两个自立的文化相遇时发生的变迁。第二，涵化是有别于传播过程、创新、发明、发现的一种变迁过程。凡是发生涵化情况的都发生传播，文化特质和思想通过传播的各种渠道被传递到接受文化的一方，产生影响，发生涵化。但传播只是涵化过程的一个方面或一步。创新或新思想的出现，是不同于涵化的一个过程。第三，涵化概念涵化和传播是密切相关的。但是涵化和传播又不是一回事，应该把这两个概念区分清楚。一个文化不经过任何涵化过程，也可以从另一个文化那里借用其文化特质。赫斯科维茨将传播看做是已经成功的文化传递，涵化则是在过程中的文化传递。

特恩窝尔德认为，涵化是一个过程，不是一个孤立事件，是一个文化从另一个文化获得文化元素，对新的生活条件的过程。这种东西方文明的对话是双向的，丝绸之路沿途国家的宗教、文化、物品、概念等也随着丝绸之路传入了中国，如伊斯兰教、佛教、服饰、新的物种等。丝绸之路促进了这种规模的世界观、产品、文化元素的交换，使其在国际范围内整合。而"一带一路"，不仅是丝路沿线经贸发展的纽带，也是文化交往、人文交流、文明交融在全球范围内的大规模整合。从这个意义上讲，"丝绸之路"就是儒家文明全球化的前世，而"一带一路"就是儒家文明全球化的今生。这一古一今彰显了儒家文明不可抵挡的魅力。

一、"丝绸之路"路线图

丝绸之路，常被简称为丝路。丝绸之路最早由德国地理学家李希霍芬于1877年提出，起初是指西汉张骞、东汉班超出使西域时开辟出来的通道，因为丝绸为商道上的大宗商品而得名。广义的丝绸之路指从古代开始陆续形成的，遍及欧亚大陆甚至包括北非和东非在内的长途商业贸易和文化交流线路的总称。后来，这一概念成为古代中国对外交流通道的统称。按照地域来分，丝绸之路还可分为"西北丝绸之路""草原丝绸之路""南方丝绸之路"和"海上丝绸之路"。对"西北丝绸之路""海上丝绸之路"，人们耳熟能详。其实，公元前5世纪的北方游牧民族开辟"草原丝绸之路"于中古初年形成，比"西北丝绸之路"出现得更早。游牧民族的王公贵族非常喜爱绫罗绸缎，穿丝绸是一种身份的象征，最早他们用马匹和牧区的特产到中原向农耕文明的民族交换丝绸。中国与天竺的大宗丝绸贸易也源远流长，印度的服饰也多以绫罗绸缎为主，在宋代，途经滇缅至印度的"海上丝绸之路"，发挥了巨大作用。

丝绸之路通常是指欧亚北部的商路，与南方的茶马古道形成对比。西汉时，由张骞出使西域开辟的以长安（今西安）为起点，经关中平原、河西走廊、塔里木盆地，到锡尔河与乌浒河之间的中亚河中地区、大伊朗，并联结地中海各国的陆上通道。这条道路也被称为"陆路丝绸之路"，以区别日后另外两条冠以"丝绸之路"名称的交通路线。因为由这条路西运的货物中以丝绸制品的影响最大，故得此名。其基本走向定于两汉时期，包括南道、中道、北道三条路线。但实际上，丝绸之路并非是一条"路"，而是一个穿越山川沙漠且没有标志牌的道路网络，并且丝绸也只是货物中的一种。[1]

二、陆上丝绸之路与儒家文明的全球化

德国思想家卡尔·雅斯贝尔斯在《历史的起源与目标》一书中第一次把公元前 500 年前后同时出现在中国、西方和印度等地区的人类文化突破现象称之为"轴心时代"。在轴心时代，中国为人类创造出了"轴心文明"，这一文明随着时间的推移向外不断地辐射，在东南亚形成了以中国为源头的儒家文化圈，这一文化也随着丝绸之路被带到欧洲和世界其他地方。

根据施密特和雅斯贝斯特的理论，中国自秦汉以来，作为轴心文明的中心，创立了物质文化、制度文化、思想文化并先后传入越南、朝鲜、日本等东亚国家，形成以中国文化为轴心的东亚文化圈，因儒学的影响尤为深远，所以也称"儒家文化圈"。

文化圈是一个空间范围，在这个空间内分布着一些彼此相关的文化丛或文化群。从地理空间角度看，文化丛就是文化圈。其中，汉字文化圈（东亚文化圈）：代表儒学文化和后来的佛教文化，包括中国、日本、朝鲜、韩国，越南等国，以及以华语作为民族语言之一的新加坡。因为中国是东

---

[1] 芮乐伟·韩森(V alerieH ansen)著.张湛译.丝绸之路新史.北京联合出版公司，2015，8.

亚文化圈的文化扩散中心，所以中国成为东亚文化圈的核心。而表现在东亚文化圈的共同特色有：汉字、儒家思想（例如这些地方都设有孔庙）、以中国律法为蓝本所制定的法律制度、中国化的佛教。从这个意义上讲"丝绸之路"也是一个传播儒家文明的文化圈和文明轴心。丝绸之路促进了中国和沿线国家的商贸往来和文化交流，丝绸之路形成了新的文化圈，把儒家文明以沿途国家作为中心向外扩散，这也是一个文化涵化过程。文化涵化是指异质的文化接触引起原有文化模式的变化。当处于支配从属地位关系的不同群体，由于长期直接接触而使各自文化发生规模变迁。

中国的造纸术就是途经丝绸之路，传到阿拉伯国家，再由阿拉伯国家传入西方世界，这条逾 7000 公里的长路上，丝绸与同样原产中国的瓷器一样，成为当时的东亚文明强盛的象征。丝绸不仅是丝路上重要的奢侈消费品，也是历代中原王朝的一种有效的政治工具：中国的友好使节出使西域乃至更远的国家时，往往都将丝绸作为表示两国友好的有效手段。丝绸向西传至君士坦丁堡的丝绸和瓷器价格奇高，各国元首及贵族曾一度以穿着用腓尼基红染过的中国丝绸，家中使用瓷器为富有荣耀的象征。这也令西方人联想到中国乃是一个物产丰盈的富裕地区。事实也的确如此，此时的中国无论是经济、制度，还是文化的发达文明程度都是地球上任何一个国家所不能企及的。丝绸之路使中华文明、儒家文化空前地向全球化迈进。西域及大食、波斯、天竺等亚洲诸国的商贾、僧侣和使节络绎不绝。

通过丝绸之路，中国的丝绸、纸张、瓷器等商品源源不断地被运往西方，许多中国特有的工艺技术与思想文化随之向西方传播。西方的物品、音乐、舞蹈、绘画、雕塑、建筑艺术、天文、历算、医药和宗教信仰也由此输入中国。南亚的佛教传入中国后经历了中国化的过程，至唐代形成多个佛教宗派。中国化的佛教对中国本土文化产生了深远的影响。通过丝绸之路，西亚、中亚、南亚外域文化进入中国文化系统，中国文化以亚洲诸国为中介，与世界文化进行了交流与融合。丝绸之路东端的唐都长安，不仅是全国政治、经济、文化中心，中西交通枢纽，也是世界上规模最大国际大都会。比同时期的拜占庭帝国都城君士坦丁堡大7倍，比公元800年所建的巴格达城大6.2倍，古罗马城也只是它的五分之一，此后几千年间，它一直是人类建造的最大都城，是当之无愧的"世界第一城"。长安城由宫城、皇城和外郭城三部分组成，城内百业兴旺，最多时人口超过100万。是世界上第一个人口超过百万的城市。这个国际大都会有外籍使者、外籍商人、外籍留学生、外籍僧人等。有一种说法，在唐朝鼎盛时期，长安城留学生有10万人，由此可见，国际化程度是当时世界上任何一个城市没法与之媲美的。也正是这些外籍的商人、僧林、留学生、使者等把唐朝文化、中华文明带向世界其他地方。

儒家文化天下大同的思想、开放包容的观念是中华文明全球化的基石，也吸引着游牧民族的不断南迁。比如，党项羌的南迁。唐朝时，生活在青藏高原的党项羌和吐谷浑经常联合起来对抗强大的吐蕃。唐高宗时，吐谷浑被吐蕃所灭，失去依附的党项羌请求内附，被大唐安置于松州，唐开元年间，居于青海东南和甘肃南部的党项羌非常恐惧四处劫杀的吐蕃军队，向唐玄宗求救，被迁至庆州。儒家文化自身的魅力像磁石一样吸引着其他民族的大迁徙，催化了各民族大融合，儒家的农耕文明不尚武力、不好战。历史上也多次被游牧文明用武力征服，这些民族统治中原后，深深被内涵深厚的儒家文化折服，上至皇帝下到平民都开始学习儒家文化，比如鲜卑族的"胡服骑射"、魏晋南北朝的民族大融合，当然也有征服了中原不好好学习儒家文化的特例，像元朝，虽然学了，学得不够彻底，最后只能回漠北放羊去了。

中国古代文化推动了东亚地区文明的发展，形成了具有鲜明个性，以中国文化为轴心的文化圈。儒学的传播，使东亚各地逐渐形成相似的价值取向、伦理观念，这从深层面塑造出东亚人特有的民族性。法国汉学家汪德迈认为，隋唐尤其是宋明以后，由于儒学尤其是朱熹的理学在中国、越南、朝鲜半岛和日本都具有官方哲学的地位，统治阶级用各种方式向社会灌输儒家思想，"四书五经"成为王室、官员、学校和科场的必读经典，科举制度更加完善也更具社会影响，儒家伦理深刻影响了上述国家政治、经济、社会、宗教等各个方面，儒家伦理的"君臣父子夫妇长幼朋友之伦理，修身齐家治同平天下之大纲"日益深入人心。

丝绸之路把中国的造纸术印刷术向西传。自从公元前 1 世纪，中国式造纸工艺率先发明，至汉和帝元兴元年 105 年蔡伦改进造纸术后，到 8 世纪中叶为止，只有当时的东亚及东南亚部分国家才有发达的造纸工业。随着丝绸之路的繁荣，纸制品开始在西域以及更远的地方出现。造纸术的西传为中亚、西亚及欧洲带来了一次巨大的变革，后来在 14 世纪传入意大利的西西里岛和伊比利亚半岛，15 世纪传入西欧和中欧。古代中国的印刷术也是沿着丝路逐渐西传的技术之一。在敦煌、吐鲁番等地，已经发现了用于雕版印刷的木刻板和部分纸制品。其中唐代的《金刚经》雕版碎片如今仍保存于英国。这说明印刷术在 8 世纪至少已传播至中亚。13 世纪，不少欧洲传教士和使节沿丝绸之路来到元朝的都城拜见蒙古皇帝，并将这种技术带回欧洲。1450 年，欧洲人古腾堡利用印刷术印出了一部《圣经》。1466 年，第一个印刷厂在意大利佛罗伦萨出现，令这种便于文化传播的技术很快传遍了整个欧洲。

在物质文化方面，中国的丝、瓷、茶等是近代西方贸易的重要商品，促进了西方商品经济和资本主义的发展。改变了欧洲的生活习惯。中国的四大发明推动了 15、16 世纪西欧社会的演进，火药传入欧洲，对欧洲资产阶级在革命中战胜封建贵族起到积极作用。指南针促进了远洋航行，为新航路的开辟提供了必要条件。活字印刷术传入欧洲，大大推动了文艺复兴运动和宗教改革，促进了思想解放和社会进步。正如培根在《新工具》中所言：如果想看看各种发明的力量、作用，最显著的例子就是新近发明的印刷、火药、指南针。因为这三种东西曾改变了整个世界的面貌。第一种在文化上，第二种在战争中，第三种在航海上。从那里接着产生了无数的变化、变化之大，以至没有一个帝国，没有一个学派，没有一个赫赫有名的人物能与这三种发明在人类事业所产生的影响力相媲美。

在思想文化上，儒家思想对西方的影响，始于 16 世纪。耶稣会传教士来华后，更对儒家经典进行了系统的翻译与向西方传播；罗明坚曾向欧洲寄回《大学》《孟子》的部分译文；罗明坚是"传教士汉学时期"西方汉学的真正奠基人之一。他在对中国语言文字的研究方面，在中国典籍的翻译方面，在以中文形式从事写作方面，在向西方介绍中国制图学方面都开创了来华耶稣会士之先，为以后的西方汉学发展做出了重大贡献。在西方，他几乎与利玛窦齐名，同时被称为"西方汉学之父"。（当前，法国的汉学家对他的贡献很推崇，对他的研究也比较多。但在中国，利玛窦比他更著名。）利玛窦不仅将"四书"译成拉丁文寄回西方，还在《利玛窦中国札记》中以很大篇幅对儒学及其社会影响作了全面而详细地介绍；进入17 世纪后，西方传教士对儒家经典的译介渐具规模，译文日益完善；金尼阁对"五经"作了部分翻译，刊印于杭州；柏应理在巴黎以拉丁文编著出版了《中国哲学家孔子》一书；18 世纪中叶，已有相当数量的儒学著作译本及相关介绍经传教士之手流往西方。18 世纪的许多启蒙思想家深受启发，大加赞赏，孔子与儒学由此成为启蒙运动中的一面思想旗帜。

关于中国的科学技术对世界的影响，可以阅读李约瑟（Joseph Terence Montgomery Needham，1900 年 12 月 9 日－1995 年 3 月 24 日，英国近代生物化学家和科学技术史专家）所著《中国的科学与文明》。李约瑟在《中国：发明与发现的摇篮》中说："古代中国在 1500 年内科技处于世界领先地位……现代世界科技赖以存在的发明一半来自中国……李约瑟认为，近代以前中国一直是世界上最文明、最发达的国家。有资料显示，明朝以前世界上主要的发明创造和重大科技成就大约有 300 项,其中中国有 170 项。李约瑟列举了公元后 15 世纪内中国完成的一百多项重大发明和发现,大部分在文艺复兴前后接二连三地传入欧洲,为欧洲文艺复兴准备了重要物质技术基础。

三、郑和下西洋促进海上丝绸之路的兴盛与儒家文明全球化

郑和下西洋的时候,中国的经济实力实际已在世界经济这个大盘中占据十分重要的地位。假如按现在的 GDP 来换算,中国的 GDP 在全球所占份额于 15 世纪达到 25%,于 16 世纪达到 29%,于 17 世纪也达 22%,于 18 世纪更是达到了 30%。[1] 从 1405 年(明永乐三年)到 1433 年,明成祖命太监郑和率领 240 多海船、27400 名船员的庞大船队远航,拜访了 30 多个在西太平洋和印度洋的国家和地区,史称郑和下西洋,使得东亚是除了西欧地区之外,历史上唯一达成跨洲、长程航行的文明。郑和下西洋总共有七次,行程达七万多海里,足足绕地球三周有余;而且比巴尔托洛梅乌·迪亚士发现好望角及克里斯托弗·哥伦布发现新大陆早了七八十年,是当时人类史上最庞大的远航船队。《郑和航海图》是世界现存最早的航图集。

1403 年,明成祖启动宝船舰队的建造。庞大的项目成就了七次深远的远洋航行,到达中国南海、印度洋和更远的海域,包括沿海领土和岛屿。郑和被委任指挥宝船舰队的探险。有六次远航是在明成祖永乐年间(1402—1424 年)发生的,而第七次远航是在明宣宗宣德元年(1425—1435 年)发生的。前三次远航最远达到印度西南海岸的卡利卡特,而第四次远航达到波斯湾的霍尔木兹海峡;随后,船队远航远至阿拉伯半岛和东非。西欧

---

[1] 彭克慧."一带一路"的战略优势、现实困境及对策研究.湖北社会科学,2015(11).

的远航和新大陆的发现，最终导致的是西方国家大规模的殖民，也开启了原住民的不幸历史，而郑和下西洋给沿途的国家带去的是欢声笑语和先进的中华物质文化、精神文化、政教文化。郑和以毕生精力致力于海洋探险，为人类探索未知领域，使儒家文化和善、和谐的音符被沿途国家熟知和进一步传播并扩散，也使推进了儒家文明经过海陆向世界范围传播。中国人在南洋一带开辟了一个新的世界，推动了南洋的文化、政治、经济的发展。比如，促进了马六甲海峡（往来中国及海洋贸易的要道）一带的日益富庶繁荣。1409 年郑和授于王子拜里米苏拉国玺及皇袍。拜里米苏拉或拜里迷苏剌 （1344—1424 年）是著名的满剌加苏丹国（马六甲王朝）创始人。依据马来史记（Sejarah Melayu）原为室利佛逝，巨港（现今印尼苏门答腊）东南区域的王子，传统信奉印度教混合佛教。拜里米苏拉曾亲自往中国朝贡，使其在马六甲沼泽地的据点成为日渐富庶繁荣的商业中心。为海外华人的生存、发展创造了前所未有的良好国际环境，从而谱写了人类航海史上崭新的篇章。也开启了东西方文化的、物质的和精神的交流，开启了世界大航海时代的到来，郑和下西洋，推进了儒家文明全球化的进程，使中国走向世界，也使世界认识了中国，这是人类历史上少有地良好互动和文明对话，没有侵略、没有占领、没有殖民，这才是中国人的本性，中国人自古以来都是热爱和平的国家和民族、秉持着天下大同、天下人民是一家的和谐思想，不尚武、不好战，愿与世界各国和平、和谐相处。

习近平主席 2014 年 3 月 30 日在德国访问并在柏林科尔伯基金会发表重要演讲时指出："和平发展是中国长期以来一贯坚持的政策。历史上郑和下西洋，通过海上丝绸之路推行经贸和文化交流，舰队这么强大却没有进行过任何侵略，而是调解纠纷，打击海盗。中国奉行和平发展的外交政策，给予邻邦巨大帮助，交了很多朋友。"习近平主席的讲话高度评价并充分肯定了郑和下西洋深远的历史意义和重大的现实意义。郑和下西洋是传播儒家先进文明的文化之旅，将中国史书典籍、书画、佛经、先进的制度、航海技术、中国丝绸和锦缎等纺织品，茶叶、瓷器、纸张还有印刷术等物产等向沿途国家传播，并通过这些国家向世界传播、推动了西方和东方的文化交流和互动。为人类的文明进步做出了重大贡献。再如，当时东南亚各国商品货币的发展亦受中国货币文化的影响，除以物易物外，爪哇"行市交易用中国铜钱并布帛之类"，苏门答腊"国中一应买卖交易，皆以十六两为一斤"。这些事例形象地说明中国计量方法上的文化理念经郑和下西洋，已经影响到了外域。占城国"书写无纸笔"，郑和船队带去的中国纸笔文具在这个国家广泛地应用，改变了他国在文化及其表述上的落后状况。这些都是郑和下西洋进行东西方文化交流的结果。

郑和下西洋促进儒家文化国际化的实践。郑和下西洋使对外交往增多，需要大量的外语人才。随着明王朝的巩固和发展，与边疆各地区、各民族的来往日益紧密，其基本格调是恩施四方，万方来朝，以致"九州之外，蛮夷戎狄莫不梯山航海而至"。郑和积极创办语言与文字翻译的专门学校"四夷馆"。四夷馆是历史上第一个培养翻译人才而设立的专门机构，为培养外语人才与翻译，也招收国外来华留学生；同时负责翻译朝贡国家往来文书，并教授周边民族、国家的语言文字。刘迎胜在《宋元至清初我国外语教学史研究》一文中说："'四夷馆'是我国最早结构完备的、带有语言教授功能的'亚洲研究院'"。四夷馆成立于永乐年间，是对外交往扩大的产物，同时又进一步推动了中外交往。明朝政府还设立了相当于现今国宾馆的"会同馆"，用于接待外宾。会同馆下设八馆：鞑靼，女直，西番，西天，回回，百夷，高昌，缅甸。四夷馆成立之初，并没有单独设立日本馆，"日本寄语寓百夷中"。正德六年（1511），增设八百馆，万历七年（1579），增设暹罗馆。四夷馆内按照语言系统分设十馆，十馆所习译语，基本上包括了当时与明朝往来最频繁的边疆各地区、各民族和亚洲各国家、各地区诸民族通用的语种。四夷馆成立之初归属翰林院管辖，后来逐渐升格，到弘治七年（1494），"改隶太常寺，有太常寺少卿提督之"。"四夷馆"与"会同馆"都编撰了供学生学习的外语教材，这些教材统称为《华夷译语》。《华夷译语》很早流传海外，伦敦不列颠博物馆、德国柏林图书馆、日本东洋文库等，均收藏有《华夷译语》。[1] 这些措施不仅将汉语推向了世界，促使外国人学习汉语，同时也促使中国人学习外语，从而加强了中外文化的双向交流，推动了语言、儒家文化的全球化进程。

郑和船队每次下西洋，都满载着中国盛产的金银、铜器、铁器、瓷器、丝绸、农具、漆器、雨伞、书籍、土帛布、麝香、樟脑、大黄、柑桔、肉桂、茶叶、米、谷、豆等大宗货物与亚非诸国进行公平交易，每到一处，便出现"天书到处多欢声，蛮魁酋长争相迎"的热烈动人场面，沿途将中国的历法文化、中国的衣冠礼仪（如改变异国"男子蓬头，妇女椎髻，上不着衣，下围毛巾"等落后习俗）等中华先进文化进行传播，致使远夷之人仰慕中华文化，渐染华风，使当地文明程度得以提升，推进了人类社会的发展与文明进程。此后，出现了大量华人移民，他们对东南亚的开发和可持续发展做出了不可磨灭的重大贡献。这一重大贡献带来的积极成果是：由于郑和下西洋频繁的中外友好交往，成功地把中国与东南亚各国的友谊推向了一个新阶段，据统计，"明成祖永乐时期21年中，与郑和下西洋有关的亚非国家来华访问的使节共有318次，平均每年有15次。更有渤泥（今文莱）、满加拉、苏禄（今菲律宾苏禄群岛）、古麻刺朗（今菲律宾境内）4国11位国王，亲自率团前来明朝进行国事访问。其中有3个国家的国王先后于访问期间病逝，并安葬在中国"。[2] 郑和船队的贸易不仅使南亚、西亚、东非广大地区人民深受其惠，同时也促进了我国的丝绸和瓷器的生产；引进西洋出产的很多药物，丰富了中国的药典；借鉴和融合阿

---

[1] 刘迎胜.宋元至清初我国外语教学史研究.江海学刊，1998（3）.

[2] 邓聿文.我们今天应该怎么样纪念郑和.大地，2005（14）.

拉伯世界的牵星术，提高了我国的天文航海技术，郑和为传播中华先进文化而做出的诸多努力将永载史册。

郑和下西洋时，率领当时世界上最强大的舰队，但是没有掠夺，也没有领土扩张，更没有殖民，相反还对沿途国家大量"赏赐"，显示了天朝地大物博，无所不有。明朝把大量金银、丝绸、瓷器赏赐给沿途国家在历史中均有记载。当然这些善念和义举也给当地上至皇宫贵族下至平民百姓留下可以传颂几个世纪的话题。郑和维护正义、兼济天下的事迹，正是中华民族热爱和平、睦邻友好的思想精髓，也是沿途地区国家绵延至今的共同精神财富和儒家文化的基因全球化的见证。

中国的陆上和海上丝绸之路不仅推进了儒家文化的全球化，也向人类证明中国自古以来"穷则独善其身，达则兼济天下"的高贵品质，世界上最强大的汉族政权独领风骚数千年，无论延伸到世界的哪个地方，没有掠夺，没有扩张，没有殖民海外，带去只是财富和先进的儒家文明。这种文化不同于日本的武士道精神、不同于西方的侵略史。日本和西方国家宣扬的"中国威胁论"完全是没有根据的谬论。

第三节　儒家文化全球化的今生

丝绸之路经济带和 21 世纪海上丝绸之路，简称"一带一路"。2013年 9 月和 10 月，中国国家主席习近平出访哈萨克斯坦与印度尼西亚，分别提出新丝绸之路经济带和 21 世纪海上丝绸之路的"一带一路"战略构想，属于跨国经济带。李克强总理在亚洲和欧洲访问时进一步推广，并写进总理政府工作报告中，成为中国对外的主要经济战略。目前已有 60 多个国家和国际组织响应"一带一路"。其目的为经由双边及多边合作机制，透过现有区域合作平台，让丝绸之路走出历史，贯穿欧亚大陆，东边连接亚太经济圈，向西进入欧洲经济圈，整合成一共同经济体，加快中国经济转型升级。中国拟投入 400 亿美元资金成立"丝路基金",支持"一带一路"沿线国家的基础设施建设,包括修建道路、铁路和港口。并规划筹设规模 1 000 亿美元的"亚洲基础设施投资银行"(Asian Infrastructure Investment Bank,AIIB),以支持"一带一路"计划实现;截至 2015 年 3 月 31,包括英、德、法、意、韩等国,全球已有 60 多个国家参与成为 AIIB 创始成员国。据中国经济网(2014)分析,"一带一路"沿线包括 21 个国家或地区,以新兴和开发中国家为主,总人口约 44 亿(约占全球总人口的 63%);所建造的欧亚铁路长达 8.1 万公里,再加上海上丝绸之路的辐射效应,其所构建之区域经济带市场经济潜能预测高达 21 兆美元。

古代历史上享誉海内外的"丝绸之路",以新的内涵,为了中华民族的复兴、儒家文化的复兴、人类的共同利益、沿线各国人民的富强、发展和梦想中国将主动地发展与沿线国家和地区的经济合作伙伴关系,共同打造政治互信、经济融合、文化包容的利益共同体、命运共同体和责任共同体。中国改革开放以来,其经济与世界的互动大致经历了三种模式:20 世纪 80 年代开放国门,把国外的企业请进来;90 年代,与世界接轨,积极推进全球化,加入 WTO 和其他更多的国际组织,现在是许多重要国际机构的成员;到 20 世纪初才开始走出去,"一带一路"是一个中国和沿途国家走向世界的不错选择。

中国的发展一直被美国、日本及其盟友围追堵截,"一带一路"就是要把中国带到世界舞台上,突出重围。中国政府主张"一带一路"不是一个实体和机制,而是合作发展的理念和倡议,是依靠中国与有关国家和地区既有的双边多边机制,借助既有的、行之有效的区域合作平台,沿着陆上丝绸之路,发展中国和这些国家和地区的经济合作伙伴关系,计划加强沿路的基础建设,也计划消化中国内地过剩的产能,并带动西部地区的开发。丝绸之路(The Silk Road)简称"一带",连接亚太地区及欧洲,主要有两个走向，从中国内地出发：经中亚、俄罗斯到达欧洲，经中亚、西亚到达波斯湾和地中海，途经俄罗斯、哈萨克斯坦、吉尔吉斯斯坦、塔吉克斯坦和乌兹别克斯坦，其他 5 个观察员国及 3 个对话伙伴也在丝绸之路沿线，丝绸之路经济带的核心区域包括西北的新疆、青海、甘肃、陕西、宁夏，西南的重庆、四川、广西、云南以及内蒙古。"21 世纪海上丝绸之路（The Silk Road Economic Belt and the 21st-Century Maritime Silk Road）"简称"一路"，则是沿着海上丝绸之路，发展中国和东南亚、南亚、中东、北非及欧洲各国的经济合作。福建获批 21 世纪海上丝绸之路核心区。新疆被定位为"丝绸之路经济带核心区"，并获得前所未有的发展机遇。福建地处东南沿海，是沟通中外航运和海上交流的要塞，自古以来就是举世公认的古代海上丝绸之路的重要东方起点，是中国连接亚太经济圈和欧洲经济圈的海路枢纽，是 21 世纪海上丝绸之路的重要门户。海上丝绸之路主要会包括江苏、浙江、福建、广东、海南、山东 6 个沿海省份。从中国沿海港口过南海到印度洋，延伸至欧洲。

2000 年后儒家轴心文明的全球化是"一带一路"的神圣职责，这关系到人类共同利益的存亡，人类的和谐相处，人与自然的和谐相处，以西方文明主导的现代化世界了存在的很多问题，都可以在儒家文明中找到治理方案，现代世界由西方文明治理几百年千疮百孔，危机四伏，人类需要儒家文明来治愈这些创伤。儒家文明的全球化是治愈创伤的良药，"一带一路"是儒家文明全球化的有效途径，"一带一路"不仅是一个经贸合作倡议，更是一个文化交流和传播的载体，在不同文明的碰撞中，留下人类文化的瑰宝来引领人类前行。

从法理上来讲，"一带一路"加强了中国和亚非欧等国家之间的经贸合作，激发了国内国际发展潜质、维护世界和平、促进了人类和谐，追求共赢，以期达成利益、责任和命运的共同体并对重塑世界的政治经济新秩序怀有美好的期待。从历史的视角看，自古以来，中国人秉承着"穷则独善其身，达则兼济天下"的理想。"一带一路"中的"带"除了具有名词经济带的意思外，带，就是带动，即把丝绸之路沿途的国家经济发展带动起来，共同走向繁荣和富强。

"一带"也体现了中国兼济天下的情怀。"一带一路"的沿线地区是多民族、多宗教的聚集地，不仅四大文明古国诞生于此，世界三大宗教也发源于此。在这种拥有古老文明和现代文明相结合的地区不断地穿梭，不同文明之间不断碰撞、融合，将会使儒家文明的内涵更加丰富。这一点，在"古丝绸之路"推进儒家文化全球化的进程中就可以证明：古丝绸之路沿途就是伊斯兰文明、佛教文明、儒家文明交汇之处，古丝绸之路把儒家文明带向世界，同时，世界的其他文明也传入了中国。沿途不同国家、不同民族、不同人种、不同信仰的人在经济互通、商贸往来的过程中，相互融合，大批阿拉伯商人定居中国，在中国形成了新的民族，日本、高丽等国的留学生将儒家文化带回本国，推进了儒家文化的全球化进程。

在古代丝绸之路上除了交易的大宗丝绸茶叶、沿线各地的特产和奇珍异宝等实物，还有儒家文明，包括宗教、音乐、舞蹈、绘画、雕塑等物质文化、制度文化、精神文化。物质文化只是暂时地改变了当时当地人民的生存状态，而制度文化、精神文化则可能将永久性地改变沿途人民的生活方式、思想文化、精神风貌等。比如，东亚儒家文化圈的形成改变了以中国为轴心的文化圈国家文化生态其影响深远，意义非凡。2014 年 6 月，在卡塔尔的首都多哈举行了世界遗产大会，卡塔尔的公主玛雅萨作为主席就宣布将"丝绸之路：起始段和天山走廊的路网"正式列入世界遗产名录。这段路上的 33 个遗迹中有 22 个位于中国境内，它见证了公元前 2 世纪到公元后 16 世纪的横跨亚欧大陆的经济、文化及社会发展，尤其是游牧文明与农耕文明之间的交流。这是由吉尔吉斯斯坦、哈萨克斯坦和中国的一次联合行动，也是东西文明对话、交流和融合的实质性行动，更是"一带一路"战略推进的先导性行动。[1] "丝绸之路"对于中国、对于亚欧非、对于世界已经远远超越了"货物互通有无"的意义，她已成为一种符号，一种人类探索未知的精神和一种向往远方的情怀。

在以和平与发展、合作与共赢为主题的 21 世纪里，儒家文化奏响了人类和谐的音符，天人合一、至善、至美、非攻、兼爱这是人类持续存在下去的精神支柱。"一带一路"为人类、为世界带去"和平合作、开放包容、互学互鉴、互利共赢"的"丝路精神"，为人类共同利益谋求出路。即使不管"一带一路"的战略构想将建成世界上跨度最长的经济大走廊，也不管"一带一路"将给中国经济、区域经济乃至世界经济提供了多少可能，文化交融都是它最核心的本质。[2] "一带一路"将向世界展现儒家文明5000 年来延绵不绝积淀下来的魅力。

中国人有自己与世界相处的方式：己所不欲勿施于人，和而不同、以和为贵，睦邻友好，兼济天下。就像习近平主席在达沃斯演讲时提到的那样，中国张开双臂欢迎世界各国搭乘中国发展的快车和便车，中国海纳百川，期盼世界人民和平、共同发展、共同进步，这样人类就会更加文明进步。今天中国人凭借自己的聪明、勤奋、智慧让这个饱受沧桑的文明古国崛起，新丝绸之路经济带，这个被认为是"世界上最长、最具有发展潜力的经济大走廊"；承载儒家文明"兼济天下"的使命和责任，愿与世界爱好和平的人民一起走向繁荣和富强，这不仅是"中国梦""世界梦"更是"人类梦"，世界会再次像数千年前一样，见证"丝绸之路"带给人类的震撼，见证"新丝绸之路"为人类共同利益带来的福祉，使世界上最大的欧亚大陆实现一体化和全面复兴。

打造人类命运共同体，中国的角色不可或缺。就中国与世界的关系，

---

[1]单霁翔.加强"一带一路"文化遗产保护.光明日报，2015（3）.
[2]孙存良，李宁."一带一路"人文交流：重大意义、实现路径和建构机制.国际援助，2015（02）.

习近平主席在世界舞台上演讲时一再向人类传递这样的信息，中国给自己的定位是"建设者""贡献者""维护者"。习近平主席说，中国将始终做"世界和平的建设者"、做"全球发展的贡献者"、做"国际秩序的维护者""中国永不称霸、永不扩张、永不谋求势力范围。" 2017 年 2 月 7 日，王毅外长在堪培拉与澳大利亚外长毕晓普举行第四轮中澳外交与战略对话后共同会见记者时再次重申：中国无意去领导谁，也无意去取代谁？

中国的人口占世界人口的五分之一，如果战火焚烧、积弱积贫、就难民问题整个人类也没法应对，所以中国如此短的时间让人类如此庞大的一个群体走向富裕，这本身就是对人类共同利益的最大贡献。中国坚定支持增加发展中国家特别是非洲国家在国际治理体系中的代表性和发言权，中国在联合国的一票永远属于发展中国家。中国坚持睦邻友好政策，作为一个新兴的发展中国家，"一带一路"蕴含巨大的发展机遇及潜力，也是中国进一步迈向国际并扩大政经影响力的载体。

第五章 通识教育——生态环境的护身符

第一节 现代工业文明的弊病与抗争

天地乃人之本，天地有亏，则不能安吾年。欲安者，先安天地，然后可长安。

——《太平经》

天地，万物之盗，万物，人之盗，人，万物之盗，三盗既宜，三才既安。

——《阴符经》

自工业革命以来，人类与环境之间的关系陡然对立，人类为了征服自然从自然界获取更多。自然界也不会束手就擒，它把全球整体温度一再提高、用一浪高过一浪的海啸、水灾、沙尘暴、暴风雨、雾霾、热浪来不断地警示人类停手。水源、土壤、空气污染导致疾病蔓延，食物的安全没了保障，全球性的环境破坏引起地球生态系统失衡，并且使生物的多样性锐减。保护环境就是保护自己的家园和生命，无论是教育领域、政治领域还是经济领域通过自己的方式和途径使每个人充分认识到环境危机，以及这种危机与自己的关系并行动起来，拿出自己的方案来拯救地球已迫在眉睫。

一、环境污染与现代工业文明

（一）环境污染类型

环境污染，指自然的或人为地向环境中添加某种物质而超过环境的自净能力而产生危害的行为。主要对环境自然生态系统和人的健康产生危害，即使当时不造成危害，但后续效应有害也算是污染行为，如氮氧化物，虽然本身并不有害，但在阳光催化下与自由基等物质作用会转化成光化学烟雾，对生物造成危害，对建筑物造成腐蚀。

污染有两种规模，区域性污染和全球性污染。过去人们的注意力只放在区域性污染上面。如燃烧煤会产生烟雾和二氧化硫，有害人的呼吸道健康，降低污染的注意力主要放在如何去除烟雾和处理二氧化硫方面。但最近几十年，科学研究发现污染会造成全球效应，如燃烧煤会产生对人体健康不会造成危害的二氧化碳，但大量二氧化碳的排放会造成剧烈的温室效应，引起全球气候的异常变化。

是否是污染取决于行为造成的后果。例如由于工农业生产或人类生活排放含有氮、磷的有机营养物质，会造成水体中藻类异常繁殖，因此在淡水水体中产生水华，在海洋中产生赤潮，这也是一种污染。

主要的污染源来自各种化学工业、有毒、有害及有放射性废弃物的处置不当、农药过量使用、生产及生活污水的排放、机动车废气排放；各种噪音，包括工厂、机动车和商业噪音；工业、生活燃烧燃料排放的废气等。核电站和油轮的事故会造成局部地区的严重污染。

污染的主要形式如下，包括相应的污染物。

空气污染：将化学和颗粒物释放进大气。常见的有害气体有工业和机动车释放的一氧化碳、二氧化硫、氟利昂和一氧化碳。光化学物质如臭氧和烟雾可以由氮氧化合物和碳氢化合物与阳光反应生成。颗粒物或细微粉尘则由它们的微米大小，即 PM10～PM2.5 来决定。

光害：包括光线侵犯、照明过度和天文干扰等。

乱丢垃圾：将人造物乱扔到公共和私人场合下。

噪声污染：包括道路噪声、飞行器噪声、工业噪声。

土壤污染：化学物质被泼洒进入土地。最显著的土壤污染物有碳氢化合物、重金属、甲基叔丁基醚、除草剂、杀虫剂和有机氯化合物物质等。

放射性污染来自 20 世纪发现的核物理，如核电站或核武器研究、制造和使用。

热污染是由于人类活动导致自然水体温度改变，如将水用于电厂冷却。

视觉污染包括高架高压线路、公路广告牌、地理破坏（如露天开采）、填埋垃圾、城市固体废弃物或太空垃圾。

水污染将商业和工业废水（故意或遗漏）排泄如水体表面；将未经处理的居家垃圾、化学物质。将垃圾和污染物释放至地表径流后流入水源（包括城市径流和农业径流，后者包含化学肥料和杀虫剂）；垃圾进入地表水；富营养化等。

（二）工业文明下的环境污染

环境污染就是现代工业文明最大的败笔，从环境污染源、污染传播途径、污染形式、污染的危害程度来看，那个不与现代工业文明紧密相关，探讨污染给人类带来的伤痛事件：不得不提 1952 年伦敦雾霾事件和美国的多诺拉烟雾事件。伦敦雾霾（Great Smog of 1952.London Smog Disasters）[1] 是 1952 年 12 月发生于伦敦的空气污染，事件自 12 月 5 日星期五持续至 12 月 9 日星期二。发生的原因包括气温低、反气旋再加上无风，以及大量燃烧煤炭所产生的空气污染，形成了浓重的大雾。虽然这次雾霾是英国史上最严重的公害事件，而且发生当时能见度极低，烟雾甚至影响到室内，但因伦敦在这之前已经历过多次类似事件，所以当时并未引起重视。政府部门在数周后的报告中指出，截至 12 月 8 日，雾霾导致了

---

[1] http://www.ncbi.nlm.nih.gov/pmc/articles/PMC1241116/.

计有 4000 人的死亡，并导致 10 万人以上受到呼吸道疾病影响。2004 年的报告更指出，估计有逾 1200 人死亡。该事件使得政府修改了多项法规，包括 1956 年清洁空气法，并且对于各国现代公害运动及环境运动的兴起具有深远的影响。原因是 SO_X（硫氧化物）严重超出正常值，与日本四日市哮喘的污染内容有共通之处。

伦敦冬季多浓雾天气，工业革命以后，带来煤炭燃料的大量利用，燃煤后的烟尘与雾混合，滞留于地表上，被称为黑雾，吸入烟雾导致呼吸道疾病增加，身体健康受害。今天流行文化上还可以听到"19 世纪末的伦敦素有雾都之称"，此说法记录伦敦雾霾严重的历史风情，与现代伦敦差异颇大。而 20 世纪 50 年代以前的 100 年间，伦敦大约有 10 次大规模烟雾事件，其中最严重、对健康危害最大的一次即 1952 年。伦敦的污染起源于英国的第一次工业革命，相继持续了一个世纪之久，狄更斯笔下的《雾都孤儿》就是以雾都伦敦为故事的背景的，大家对这个凄惨的故事都不陌生，但是，可能不太清楚那个"雾"，可能就是当时伦敦的雾霾。

1952 年 12 月 5 日至 12 月 10 日间，高气压覆盖英国全境上空，给伦敦带来寒冷和大雾的天气。冷天时，伦敦城民通常多使用煤炭取暖。同时期，伦敦的地上交通工具正逐渐淘汰路面电车，开始全面使用内燃引擎的巴士，后者在运转中排出大量废气。供给暖气的火力发电厂、内燃机车产生的亚硫酸（二氧化硫）等大气污染物质在冷空气层中如被锅盖封闭一般，污染物浓缩后形成为值数仅为 PH 为 2 的强酸性、高浓度的硫酸雾。亚硫酸气体的正常峰值浓度为 0.1 ppm～0.7 ppm，悬浮颗粒的正常值为 0.2 mg/m^3 ～ 1.7 mg/m^3，超出即属异常。烟雾进入民宅，人人眼痛、鼻痛且咳嗽不止，黑暗中交通事故不断，救护车与消防车也难以出动。大烟雾过后的隔周，各医院收治了大量得支气管炎、支气管肺炎、心脏病的重度患者，总计大烟雾期间死亡 4000 余人。另有诸多老人和儿童成为慢性病患者。其后数周间又有 8000 余人死亡，合计死亡数达 12000 人以上，成为罕见的大惨案。

大烟雾事件的巨大冲击成为解决大气污染真正的契机，烟雾带来的深刻问题为全世界知晓。

另外一起多诺拉烟雾事件，发生在多偌拉，是宾夕法尼亚州匹兹堡市东南 39 公里的一个工业小镇，位于孟农加希拉河的河谷地带。从 1948 年 10 月 27 日开始，当地处于雾天和很大范围的逆温层之中，当地工厂排出的大量二氧化硫和粉尘形成的浓雾和烟尘笼罩地面，一直持续到 10 月 31 日。致使 17 人死亡，近 6000 人（约占当地居民的 43%）感到眼痛、喉痛、流鼻涕、干咳、头痛、呕吐等症状。看来，"雾霾"这个词的确不是中国人最先发明的，但最近几年这个词在大半个中国风靡一时，男女老少尽人皆知，而且不断地被追问，雾霾的警钟不断地在中国大地上响起。

现代工业文明大力鼓励从自然界攫取资源，鼓励征服自然。增长的人口也对有限的资源有了更大的需求，并由此对环境造成了巨大的破坏。完全不同于农耕文明时期人类与自然界的和谐相处。西方学者认识到工业文明对自然破坏的严重后果，在 20 世纪开始著书立说寻找逃避工业文明扩展的方法：欧内斯特·卡伦巴赫写了《生态学：袖珍指南》，书中呼喊道："世界将堕入地狱，除非你到那儿去抗议！"（The world is going to hell unless you get out there and protest!）。[1] 作者乐观地面对生态意识的觉醒："在历史的某些伟大的转折点，核心价值观变得枯竭，或存在一些问题，人们于是设计出新的价值观，希望使他们能活得更好。随着资本主义的兴盛，西方人采纳了这样的信念，即技术能解决一切问题，并且技术是生活中最重要的东西，而宗教和文化则成了次要的了。目前，许多美国人正在寻求逃避扩张主义的工业文明价值观（体现大增长的主要观念），并在与

---

[1] Ernest Callenbach, *Ecology: A pocket guide*,University of California Press,2008,pp.21.

生态相联系的价值观（体现可持续性的核心理念）下生活的方式。"[1]

如果没有西方工业文明的入侵，人类是可以与地球长久和平相处的，没有西方列强为了发展工业满世界寻找原材料、寻找市场，到处烧杀抢、夺掠夺亚非拉国家，人类限制性的发展也会很幸福。在西方入侵前，中国在天人合一思想主导下与自然和谐相处。中国在西方入侵前国土面积完整、富足。西方列强的入侵中国国土被瓜分，国家被分裂。不是西方列强把枪顶到中国人的脑门上，中国是不需要急切地现代化、西化的。中国人会通过自己的方式发展，即使不发展那又怎样呢，物质不是唯一让人类幸福指数提升的理由，相反，现代的物质文明给人类的精神带来了更多的问题。守住农耕文明也没关系。被西方文明、现代文明统治的世界就比物质不发达生活在农耕文明社会里的人民幸福吗？

全球幸福指数国家排名榜在 2005—2009 年，访问来自 155 个国家及地区数千名受访者，让他们将自己的生活满意程度，以 1~10 评分，得出"人生评估"幸福指数。指数高的人属于"生活如意者"，其他则为"处身逆境者"及"饱受折磨者"。[2] 研究人员根据每国"生活如意者"所占百分比，得出排名。此外，受访者有被问及之前一日的幸福程度，如是否休息足够、受尊重、远离病痛及是否有益智消遣等，得出"每日体验"幸福指数。不丹排到世界第八名，亚洲第一名。美国则排到第十九名。不丹，人口：230 万；人均寿命：55；人均国内生产总值：$1400。不丹人均寿命不高，受教育率不高，仅 47%，人均国内生产总值也很低，这个国土面积非常小的亚洲国家竟然排名世界第八，亚洲第一。由于政府限制而尚未开发，同时对旅游、开发和移民也同样严格。出人意料，不丹人很快乐。不丹的社会治安良好，犯罪率极低，人们外出很少锁门。从不丹人的幸福指

[1] Ernest Callenbach, *Ecology: A pocket guide.* University of California Press,. 2008,pp.22.
[2] 2013 年全球居住最幸福的国家排名. 房产资讯[引用日期 2013-10-29].

数反思人类的西化和现代化所带来的弊病。

人类经历了原始文明、农耕文明、工业文明,到今天的信息化时代的到来,我们享受了科技进步、繁华带来的便利,但却因为人类的贪婪,地球已经不堪重负,危机重重,人类在探寻幸福的道路上殚精竭虑,却又莫衷一是。人类离不开自然,自从有人类以来,人类就从自然环境中攫取资源。那时由于人烟稀少,人类误以为,自然资源取之不尽用之不竭,这种对自然的无节制意识的、线性的、原始的生态消费观,有意无意地破坏了自然,也引起了很多物种的灭绝。工业革命以后,资本主义上升时期,对自然的破坏愈演愈烈,把自然视作敌人,竭尽全力去征服自然,很多发明、发现,都是直接以征服自然为目标,对自然环境的破坏已达到登峰造极的地步。资本主导下的经济全球化中,通过扩大消费而非限制生产的方式,来解决经济危机无异于舍本逐末,以掠夺自然为代价维系资本运行、导致人类的主要危机——生态危机,并以各种形式付出惨重的代价:温室效应、臭氧层破坏、气候极端变化、大江南北的层层雾霾、资源耗尽、稀有物种加速灭绝、生态系统失衡,环境危机到达前所未有的程度。但是世界真的有这样的国家存在,就是不要发展,要环保。

二、友善对待环境的典范——不丹

一提到过度发展,不得不提一个限制发展的国家——不丹。这个国家堪称人类最后一块净土。不丹是全球第一个对经济发展金钱至上观念提出挑战的国家,谨慎地平衡经济发展、社会发展、环境保护以及文化传承,他们很好地管理着自己的家园。2009年,不丹第一次向世界承诺保持"零排放国家",不丹是人类最后一片净土。

(一)不丹的经济发展与环境保护——不要 GDP 要 GNH

GDP 大家都比较熟悉，但 GNH 可能需要解释一下。GNH 是指国民幸福总值。20 世纪 70 年代，对于不丹来说，国民幸福指数比国民生产总值更重要，从那个时候起，不丹所有的发展都围绕着国民幸福指数展开，这是一种具有开创性的新愿景，目的在于提高人民的幸福指数和福祉。不丹人习惯称自己为雷龙之国，龙是这个国家的图腾，国旗上一条飞舞的白龙。不丹有 70 万人口，位于喜马拉雅山脚下，跻身于中国和印度两个大国之间。不丹是世界上最不发达的地区之一。国内生产总值不到 20 亿美元，但是不丹实行全民免费教育，学习努力的人，可以继续免费上到大学毕业，医疗也是免费，看病、治疗、买药费用都由国家承担，不丹之所以能做到这一点，是因为不丹谨慎地使用他们有限的资源，这就是价值发展，经济增长不应该以破坏独特文明为代价或牺牲原始质朴的环境为代价。宪法规定，至少 60%的土地要被森林覆盖，保护环境写入宪法中，不丹森林覆盖率为 72%，而且都是原始森林，不丹是世界上剩下的为数不多的生物多样性最为丰富的地区之一。当今世界气候危机严重，世界上有 200 多个国家，貌似只有不丹一个国家，碳排放为零，更确切地说不丹是"碳"负排放。不丹整个国家每年排放 220 万吨二氧化碳，森林吸收碳却是 660 万吨，不丹就是个净碳器，每年净吸收 400 万吨二氧化碳，能够抵消邻国排放的二氧化碳；再加上，利用风力发电、太阳能、生物能（沼气）、地热能（包括地源和水源）出口清洁的绿色能源，每年大概抵消 5000 万吨的二氧化碳量，这比纽约整个城市一年的二氧化碳排放量还要多，不丹整个国家就是一个"净碳阱"，在抵消温室效应的负面效应。温室效应会使冰山融化，导致山洪和泥石流暴发，会给不丹带来了巨大破坏，但全球变暖，也使这个无辜的国家深受其害，不丹向世界承诺继续保持碳零排放。不丹人不会坐以待毙，不丹第一次提出承诺是在 2009 年，在哥本哈根世界气候大会上，各个政府忙于吵架、忙于争论，相互推诿气候变化的责任，一个小小的国家举手并宣布，将永远维持碳零排放，没人把这个小国家放到眼里。2015 年 12 月在巴黎世界气候大会上，不丹再一次重申了永远维持碳零排放的承诺，这一次世界听到了，人们开始关注不丹，接受气候变化的严峻现实，所有政府都愿意联合起来，一起行动和努力，都做出了减排的承诺，根据《联合国气候变化框架公约》，若所有国家都能实现其承诺，我们就更有希望使全球变暖幅度不超过 2℃。

任何浪费都会直接或间接地对环境造成破坏，因此采用无纸化办公、用 LED 照明等一系列绿色低碳行动保护地球。通过"清洁全球"这个全球性计划，来清洁人类家园，并且，在全球每个地方都尽可能地种上树，绿色地球计划，是碳零排放策略的关键，希望越来越多的国家像不丹那样，承诺一直保持做"零排放国家"，保护我们的肺。在不丹沿途就是国家公园、自然保护区以及野生动物园，每条公路貌似一个生态走廊，羚羊、牦牛、金丝猴漫步于国内的任何一个地方，人、动物、生物甚至微生物都和谐共存。政府通过福利政策激励生活在国家公园周边居民，更好地管理森林。可以通过绿色低碳的方式谋取生活资源，但继续与大自然和谐相处。尊重生命、爱护生命，为生命提供更多更好的新鲜空气是"生命不丹"计划重要的组成部分。其他国家可以复制"生命不丹"计划，建立一个全球基金，将"生命不丹"计划推到全世界，一起应对天气变化，一起保护我们的地球

（二）不丹的信仰与幸福指数

Bhutan 意为西藏之尽头，不丹是一个全民信教的宗教国家，75%的居民信奉大乘佛教，25%的居民信奉印度教，和西藏文化一脉相传，也是世界上唯一以大乘佛教立国的国家，不丹像一个世外桃源，到处是青山绿水、蓝天白云。 2005 年，不丹进行国民幸福度调查，97%的国民回答感到幸福。

116

不丹的"幸福指数"标准包括了精神上的幸福、身体的健康，以及教育、时间的使用和平衡、文化的多样性和弹性、生态的多样性和弹性等290多个问题，反映影响个人和社会幸福感的各个方面，覆盖人类生活的最广泛领域。运用西方社会学的先进方法以不丹国民为研究对象，通过大量的实证、数据、实验收集、分析而得出的一些有效的、可量化、可支撑的幸福指数模型。2006年，当英国莱斯特大学公布其研究的"世界快乐地图"（World Map of Happiness）时，不丹的幸福指标，在亚洲排名第一，全球排名第八。《商业周刊》把不丹评为亚洲最幸福的国家。后来被称为"不丹模式"。 所谓"不丹模式"，就是注重物质和精神的平衡发展，将环境保护和优秀的传统文化的保护置于经济发展之上，衡量发展的标准就是"国民幸福总值"。其实那是一种对人的本性最自然、最本质的回归和尊重的方式。当整体国民的信念使然，幸福还会是可望不可求的吗？尽管有些国民并不知道"国民幸福总值"（GNH）为何物，但就如不丹的一位内政大臣所说，"他们身处其中"。尤其对于不丹这样作为世界最小的经济体之一的国家而言。

第二节　通识环境教育

一、通过通识教育实现环境教育目标

早期对环境教育的研究，当首推 1948 年在巴黎的国际自然资源保护与联盟（International Union for the Conservation of Nature and Natural Re-sources，IUCN）大会所提及的环境教育（Environmental Education）这个名词。而在英国，直到 1965 年，才正式将"环境教育"（Environmental Education）定义成专有名词。环境教育被重视缘起于 1972 年的联合国人类环境会议（UN Conference on the Human and Environment）所发表的《人类环境宣言》，促使人类注意环境问题，开始了对环境教育的关切与研究，而后，"世界环境与发展委员会"（World Commission Environment and Development，WCED）发布了"我们共同的未来"（Our Common Future）。联合国教科文组织（United Nations Educational Scientific and Cultural Organisation，UNESCO）自 1976 年起，即有计划地提出各项方案，并督导推展国际间各项环境教育计划。1977 年联合国教科文组织在前苏联伯利西召开的国际环境会议中，制定环境教育目的类别与目标及如下。

环境教育的目的类别：知觉——协助社会群体和个人整体环境及其相关问题的认知及敏感度；知识——协助社会群体和个人获得关于环境极其相关问题的各种经验和进步了解；态度——协助社会群体和个人获得关切环境的一套价值观，并承诺主动参与环境改善和保护；技能——提供社会群体和个人获得辨认和解决环境问题的技能；参与——协助社会群体和个人有机会主动参与各阶层环境问题的解决。

环境教育目标为：培养意识及关切在都市和乡间有关经济的、社会的、政治的与生态的相互关系；为每个人提供机会去获得保护环境及改进环境所需要的知识、价值观、态度、承诺和技能；为个人、群体和社会创造出对环境的新行为型。

1980 年后，以"生态中心"的环境伦理思考模式，俨然成为世界性的主流价值；1992 年的地球高峰会议（Earth Summit）提出了 21 世纪议程（Agenda 21），使环境教育成为世界公民必备的通识，也是国际共负的责任。2007 年诺贝尔和平奖，美国前副总统高尔和联合国跨政府气候变迁小组（IPCC）因为合作《不愿面对的真相》纪录片，刺激各国采取行动对抗全球暖化有功，同获殊荣。诺贝尔委员会称赞高尔"可能是出力最多的个人"，让民众更加了解采取哪些因对措施能在节能、环保、减碳方面有所贡献。

通识教育培养年轻一代新的环境认知，滋生除去人类中心化的环境伦理观，能培养友善地与环境相处的行为。提升年轻一代的环境素养，熟知环境领域的知识、议题、了解环境科学的知识，并能采取行动策略；对环境问题敏感，增加改变恶化的信念、培养对环境的责任心和对生命的尊重；能管理好自己不伤害环境，并能影响周边的人，提升社区的环保意识，培养生态管理意识；改变消费行为，促进环境保护法律的完善等。由此，大学应确立的环境教育目标为：

第一，培养年轻一代对环境的知觉和敏感度，能意识到环境污染的严重性，能通过自己所学知识来测量、预测、推论和诠释环境污染程度；并对各种环境污染有敏感度，有自觉保护意识，并影响周围人群一起保护环境。

第二，环境知识和常识的普惠。通过通识课程和专业课程融入环保概念和基本常识，比如，如何在社会生活中避免加剧温室效应、空气污染、河流污染等，思考环境问题对人类的影响，倡导年轻一代过简朴的生活，过度消费是环境污染的杀手之一，将环保理念融入日常生活中，资源节约与再利用成为每一次行动的理念和理由。

第三，环境伦理价值观。用通识教育的理念培养年轻一代正向的环境伦理价值观，尊重其他物种的生命权，看到自然系统平衡的价值，看到破坏生态系统的平衡给人类带来灾难性的后果。

第四，环境行动技能。主要指辨别环境问题、研究环境问题、评估环境问题、环境行动分析与环境保护行动力。环境议题融入通识课程的教学中，使教学内容生活化，对社区产生归属感，环境行动从个体到社区再到社会。

二、通识教育是推进生态保护的有效途径

环境保护最有效的手段之一就是教育。通识教育强调人文精神、对他者的人文关怀；强调人与自然和谐共处。通识教育使学生明白善待地球就是善待生命，使人目光远大。专业教育追求效益和功用，用最快的方式获取利益，被功利主义主宰的人类活动，因为利益无法停下来，即使知道过度开采、过度消费会造成对环境的破坏，但是为了当前利益就是没法停下。

设置通识教育培养学生对环境伦理的理解，将来不管从事什么职业都能有高度的环保意识。根据 Bloom 等人将人类的知识和能力分为三大领域，即认知领域（Cognitive Domain）、情意领域（Affective Domain）和技能领域（Psychomotor Domain）（Bloom，1956）环境教育内容也沿袭此三大领域展分析、探讨。认知领域的环境教育内容最主要的是环境教育的概念与相关的尾题。在通识教育理念下的课程体系里促进环境保护和环境觉醒课程，不是另起炉灶开设多少门环境课程，而是将环境教育概念融入各科教材中，在地理学科中了解地球的概貌，环境保护的方法；在历史中了解这一区域的历史以及以往人与自然的相处方式；在经济学科中探讨平衡经济发展和环境保护的一些举措和议题；在通识课程和专业课程中均蕴含着环境认识、环境态度、环境情感、环境科学和环境技能，如生物、地理、社会、人文、艺术、地球、数学等学科。环境教育的概念知识会因各国的地理环境、文化背景和经济发展不同，而有所差异。

联合国教科文组织于 1977 年曾经大力推广各会员国的环境教育融入学校课程中，无论是教学目标、教学内容、教学方法或教学评估都纳入环境的内容，这一种课程构想模式被称为"环境课程"（Environmental curriculum）（杨冠政，1997）。其中五项环境课程类别分别为：觉知、知识、态度、技能、参与。在通识教育课程中植入环保理念：文学性的课程；

知识性讨论（环保讲座、研讨会、沙龙等）；哲学性的思考（探讨环境伦理问题，去人类中心化等伦理价值的思考）；友善的环境行动力（组织学生考察环境问题，并提出治理方案，扩大年轻一代环保的社区影响力，和社区一道行动起来保护环境）。[1]

通识课程中的人文学科自然主义文学作品的价值在于唤醒年轻一代环保主义的激情，分享大自然之美，进而从一些细微之处体认哲理与了解自我。因此课程首先将带领学生进入以自然文学为取向的阅读视野，中国的山水文学，犹如一股清流，一直流淌至今。透过阅读促发学生将大自然美的召唤转化为正向的态度与关爱环境的行动。从文章中获得环境伦理的想法，从自然文学中得到启迪，像大海一样容纳百川，像山一样的沉稳思考。

除了校内教学，还要将课堂扩展到校外教学定位为服务环境的体验。校外教学学习方案规划的四个阶段，分别是阶段一：面对问题情境；阶段二：收集资料与行前讨论；阶段三：观察、实际体验与记录；阶段四：体验教学后的反思与分享。期望在这样的设计下，学生能善用课堂中所学进行资料搜集并汇总，在校外的体验学习中学会感受、思考、反思。

通识教育培养人与自然和谐相处之道，用儒家主张的天人合一，道家主张的道法自然；释家奉行众生平等，去人类中心主义的环境伦理思想来管理地球，地球将会变得更加美好。释家主张的环境伦理慈善之心，而是源出于一种使命，人类位于生态链的顶端，除了优越感，更应该胸怀对整个自然界的责任感。在释家看来，人最终会化为一抔土，回归自然，用超越生死的目光看待自然，将眼光放到百年后，为了百年内的享乐牺牲百年后的环境是不可取的。人只是物种之一，不是唯一。当然人类因为有反思的能力，所以应该具有更高的道德要求，毕竟环境问题的解决不能只要求

---

[1] 杨冠政.环境伦理——环境教育的终极目标.环境教育，2014（3）.

121

科技，重点应该是人们观念与行为的改变。就像不丹那样，举国上下与自然界、与生态环境和谐相处，友善地对待地球。他们不迷信科技，也不想用科技释放自己的欲望，他们宁可要保护环境也不要发展。

在"环境保护与自然文学"课程中，应该把不丹这个国家的环保理念和做法介绍给学生。让学生充分思考环境开发与环境保护之间的冲突、体验并反思自己与地球该如何相处。通识教育通过传播环境知识培养环境伦理观，将更加彰显人与自然间不可分割性。

第六章　哈佛大学通识教育改革

第一节　埃利奥特的通识教育改革

一、埃利奥特及其成就

1869年，年仅35岁的查尔斯·威廉·埃利奥特（Charles William Eliot）当选为哈佛大学的校长（1869—1909年）。在此之前的六年（1863—1869年）中，他曾赴英国、法国、德国学习考察。埃利奥特虽然是基督教中唯一神教派者（Unitarian），有着相当正统的宗教思想，却深受达尔文（Darwin）进化论和德国学术自由理念的影响。同时，他也是一位杰斐逊式的理想主义者，他的思想信仰和价值取向引领了他在哈佛改革的方向。

埃利奥特希望每个美国人都能接受正规的教育，能在民主社会中自由地学习和生活。真正的民主就是不论出身贵贱与财产多寡都能受到同等地对待，不能因出身而埋没了他们的才华。实际上，埃利奥特是通过他的教育信念来诠释民主社会平等的真正内涵，来证明理想的社会就是一个为所有人提供均等的机会，让他们充分发挥各自的天性和才华的场所。埃利奥特认为，民主的教育任务就是除了提高整个国民的文化水平之外，还要得天下英才而育之。这样，整个社会就会因那些人才的杰出贡献而获益。这种观念也是对杰斐逊主张的"均等主义"理想的一种新的阐释。杰斐逊认为，民主的社会会为每个人的才智和奋斗提高均等的机会，让不同阶层的人都能通过自己的奋斗达到"才智贵族"的目标（"才智贵族"是指通过自己的才智和能力进入社会上层的新贵，即新型的中产阶级）。这一目标是可以通过教育达到的。教育是可以让资源重新分配的，尤其是对那些勤奋的人。当他出任哈佛的校长后，就决定改革哈佛的贵族遗风，彻底地改革课程。

埃利奥特的目标是要把学生从狭隘、陈旧的教学内容中解放出来，使他们能自由地选择他们感兴趣的科目，同时也是对学生自主判断能力的一种充分地肯定和信任，是对自由精神的尊重和诠释；另一方面，是把学生从规定的学科中解放出来，开发学生的各种潜质，让他们的天性得到自由、自然地发展。

他的这种教育理念具体是通过在哈佛大学推行课程改革来实现的。在就职典礼上，他表达了对哈佛大学课程进行改革的决心，宣称本校要坚持不懈地努力建立、改善及推广选修课。然而前面的道路充满了挑战。在他开始实施哈佛选修课改革时就受到了来自保守派的强烈反对。但是他没有畏惧，还是义无反顾地完成他的使命。经过他四十年的不懈努力，最终使哈佛大学发展成为一所具备现代气息的大学。入学条件提高（在1869年，埃利奥特担任哈佛校长时，大学入学时重要的学科是拉丁语、希腊语、初等数学、古代史和地理。三十年后，在埃利奥特的影响下，各种现代学科得到了认可，包括英语、法语和德语；英国史、欧洲史和美国史；物理学、化学和生物学），教师队伍扩大。这次"自由选修"运动不仅仅是一种学习方式和内容的改变，他蕴含着对大学对自身和对学生充分的信任。

他认为大学应教会学生三件事：一，是选择学习的自由；二，是在某一学科或特殊领域获得学术上杰出成就的机会；三，是对自己的生活言行能清楚负责的纪律。这些原则都充分体现在他的选修课改革中。自由选修，就像达尔文所说的物竞天择，适者生存、败者淘汰，最适宜的科目支配着学识这个场域，最适宜的学生才能成功，最适宜的教师和科目才能吸引学生。强调进化论和自由竞争的法则。而且埃利奥特的自由选修当中，要求学生在其中某一、二科目上要有杰出的表现，这自然就鼓励竞争，使学生迈向卓越。他反对把学科分成等级的传统做法。在以往的观念中，拉丁语、希腊语和数学这些学科的地位是远远高于现代语言、历史、经济和自然这些现代学科的。他认为，每个学生都应该有机会并有充分的理由和权利按照自己的兴趣和方式发展，做出自己的选择。他力排众议，在任期内逐步取消了严格的必修课制，将学生所有的课程改为选修制。在 1872 年，他取消了四年级所有的规定课程，让学生自由选修；1879 年和 1884 年分别取消了三年级和二年级的所有规定课程；1885 年又大量地减少了一年级的规定课程；1894 年，一年级的规定课程仅剩修辞学和现代语；到 1897 年为止，整个哈佛的规定课程只有一年级的一门修辞学。从此，哈佛大学的课程向着多样、广博和卓越化的方向迈进。

以往的大学只是为所在地区服务，在很大程度上只是在为家长照顾他们的孩子，在如何更好地培养他们的自主意识、自我教育、自我管理方面相对欠缺。在埃利奥特看来，大学的主要职责不在于实施行为的规定和法则，而在于教会学生进行自我约束和自我管理。自我管理和自我信任的延伸便是课程的自由选修、视野的开拓以及心胸的扩大。每个学生应该能够安排选择自己的科目。他强调："学生的能力和兴趣是不可能统一和一致的。"[1] 他认为学生有充分的自由和权利去选择物理、化学以及希腊语、拉丁语。

虽然选修课不是埃利奥特的首创，但没有人像他那样把选修课进行得那么彻底。他在就职演说中提出："本大学认为文学和科学之间并无真正的敌对不容；确信在古典文学和数学，自然科学和形而上学之间，并没有互不兼容，对于它们，我们的态度是来者不拒，而且都要最好的。"[2]

埃利奥特极力倡导选修制度，鼓励学生自由选修。这样，大学便须开设各种各类的科目，促使大学的课程设置需要扩展、延伸、加强、深入，

[1] Smith, R.N.*The Harvard Century - The Making of A University To A Nation*, New York Simon and Schuster.Press,1986. p.34.
[2] Smith, R.N.*The Harvard Century - The Making of A University To A Nation*, New York Simon and Schuster.Press,1986. p.35.

促使教师作原创性的研究。自由选修的重要意义在于维护自由学风，尊重学生的主体性。埃利奥特最终把哈佛大学发展成为一所真正意义上的现代性大学。他要求在每个学科领域都要形成最有效的教学方法，比如，语言的学习应该更具有系统性，自然科学要注重推理，数学与历史学习应追求生动、鲜明，哲学应少一些机械性的教条色彩。大学入学实施面试，学生的选拔以其智力及潜能为标准。大学教授应是充满活力的知识和热情的源泉。大学管理委员会致力于维护学术自由，提高学术水平，维护财政稳定，而校长的主要职责在于增加学校经费、保护教学、科研成就突出的教师和学者，影响公众对学术进步的看法。在埃利奥特看来，在任何社会中，高等教育机构往往都是一面鲜明反映该国历史与民族性格的镜子。他认为，美国的社会条件和生活方式，根本不同于欧洲，欧洲学校的精神在美国是不可复制的。美国大学的教育目标是培养具有美国精神的公民，以恰当的方式将自由和公平的理念引入教育中，使每个美国人都有机会选择他想学习的东西，为自由发展开辟道路，把人从各种人为的障碍中解放出来。

的确，40 年的奋斗和取得的巨大成就见证了埃利奥特当初的宣言——40 年前年仅 35 岁的埃利奥特在他的就职演说上，以自信、庄重而又铿锵有力的语调向公众展示了这样一幅图景：美国的大学将承担起美国即将到来的城市化、工业化的重任。他说："围绕语言、哲学、数学或自然科学哪个能提供最好的智力训练，而展开无休止的争论和关于普通教育应以人文教育为主或是以科学教育为主而进行的口诛笔伐，对今天的我们来说是没有任何意义的。"[1] 正如《波士顿报》的评论那样，埃利奥特的演说昭示着哈佛历史转折点的到来。他把哈佛大学由一个地方性大学发展成为全国性大学，并为哈佛大学日后跻身于世界一流大学奠定了基础。1926 年，埃利奥特去世，成千上万的人把他视为联邦英雄来纪念。有史学家曾经评价

---

[1] Smith, R.N.The Harvard Century - The Making of A University To A Nation, New York Simon and Schuster.Press,1986. p.33.

道：埃利奥特虽不能被称为最伟大的"哈佛人"，但他是哈佛校史上最伟大的人物。

埃利奥特对哈佛大学实施的通识教育改革对美国的高等教育产生了深远的影响，尤其是选修课程的推行，它体现了时代的精神，是美国高等教育的一次革命性的进步。首先，选修课程打破了古典课程垄断大学讲坛的局面，大量地引进新学科，吸收近代社会发展的新成果，使这些学科在大学取得了合法的地位，使大学对时代的进步和发展做出反应。其次，埃利奥特对学术自由理念的倡导和捍卫，在埃利奥特看来，一所大学能否取得成功，取决于它所营造的学术气氛。他认为教师在哈佛大学具有不受政府、社会和学术权威限制的思想、言论自由，有按照自己兴趣和意愿教学的自由，有探索新知的自由。学生有选择学习的自由、有拒绝参加礼拜的自由，有平等享有属于自己权利的自由。这次通识教育改革中实施的"自由选修制"就是学术自由的体现。通过选修制来培养学生独立、自由地学习和探究新知的精神，最大限度地开发其潜能。他们可以按照自己的兴趣、爱好、能力、倾向来选择课程，深入学习自己喜好的学科或专业。再次，选修制的推行，打破了以往以年级为单位的教学组织，促进了学分制的建立。学校提供所有的课程，学生按规定选修，只要修满学分就可以毕业，不必按部就班地逐年学习。

当然，选修课程作为一个新生的事物，在哈佛大学实施过程中也暴露出了很多弱点，如选修课制越来越流于形式。事实上，从1870年到1910年，美国大学盛行自由选修，由于没有任何限制，带来不少弊病。

二、通识教育在美国高等教育领域的出现

美国独立后，新的建国者不管是激进派还是保守派都看到了教育对一

个新生共和国的意义。他们认为学校教育应该承担起"美国化"的任务，即把来自世界各地的移民变成美国人。由于他们认为美国的文明比其他国家优越，学校必须教导学生忠于美国生活方式，造就其美国性格，培养出一代又一代了解美国、热爱美国、尊重美国的人。

哈佛大学是以英国牛津大学、剑桥大学为母本建立起来的，但如果仍然像当时的英国大学那样，仅仅传递古典人文教育，显然已不再适合美国社会的变化和发展了。在感情上，美国人也不愿继续步英国的后尘，而是努力抛弃英国的遗风，构建适合美国本土化的教育。

由于一个新兴国家的建设和开发需要各种人才，高等教育就不得不对此需求做出回应。大学在课程设置上就不能继续局限于古典学科，许多新兴科目如各种技艺、法律政治、自然科学、天文学、医学、应用数学、政治经济等成为大学非常受欢迎的科目。对于一个兴起中的国家，这些实用性强的科目的价值和受欢迎程度远远超出了古典科目。这种情况引发了古典博雅教育与实用科学教育之争的局面。保守派极力反对把探究高深学问的地方沦落为职业训练的场所，由此开始，自由教育和专业教育的论战从来就没有停止过。1807 年，哈佛大学出身的数学家卡尔文·伍德沃德开展了一项说服公众的运动。他发现学校与现代社会存在诸多不协调之处，指出学校所培养出的学生是绅士而不是适于从事工作的人。从此，公开质疑古典学科的价值和功用的人物越来越多，也包括一些企业主和大财阀，他们希望大学能培养他们需要的专业人才。

这种争论和质疑到 1828 年耶鲁大学发表报告时达到了高潮。面对种种对古典人文教育的质疑、攻击和课程改革的浪潮，耶鲁大学的教授们终于坐不住了，大量地著书立说为古典人文教育申辩，并组织了一个专门的委员会进行调查研究，于 1828 年发表了著名的《1828 年耶鲁报告》(《The Yale Report of 1828 》)。该报告是由当时的耶鲁大学校长戴（J.Day）和耶鲁大学教授（拉丁语和希腊语的教授）金斯利（J.L.Kingsley）起草的，由两部分组成。第一部分阐述了学院的教育计划和宗旨，第二部分讨论了古典语言的教育价值。报告强调：学院的目的不是为了专业的实用的目的，而是自由教育的目的，是为了训练"官能"，完善"心智"，发展"潜能"。传统的以古典语言为特征的必修课程体系是唯一恰当的课程。此时，耶鲁大学所实施的课程是前三年学生主要学习希腊语、拉丁语和数学，同时学习一些地理、历史、科学、天文、英语语法和修辞学，而最后一年则学习一些有关道德哲学、形而上学、英语写作和纯文学方面的知识。

《1828 年耶鲁报告》（以下简称为"报告"）是美国高等教育史上，第一部正式为共同必修科目作强有力辩护的文献。报告中强调："大学的目的在于提供心灵的训练和教养（To Provide The Discipline and Furniture of The Mind），'训练'是指要扩展心能的（To Expand The Powers of The Mental Faculties），而'教养'是指要充实具有知识的心灵（To Full The Mind with Knowledge）。"[1] 报告相信广博的学习和心灵的训练有助于学生未来从事任何职业，严厉拒绝大学开设实用的技艺科目。主张提供心智训练最好的科目是古典语文，认为现代语的教育价值不高。而用于职业训练的科目根本不应在大学中存在，主张传统的讲述和反复背诵是最直接有效的教学法。报告坚信共同学科的广博学习是学生未来从事任何行业所必需的。他们相信，某些共通的知识学科，理应为受过最好教育的人们所掌握，这也是精英教育的理想和主张。耶鲁大学的教授们也认为耶鲁大学不应该像其他许多大学那样，为了迎合社会的需要而开设那些实用的科目。

在报告发表的第二年，美国博德学院的帕卡德（A.S.Packard）在北美评论（North American Review）中发文支持，文章主张学校课程应该由某些共同的核心组成，通识教育的概念第一次被提出。[2]《1828 年耶鲁报告》

[1] Hofstadter and Smith, *The Yale Report of 1828 Volume 1*, The Yale University press, 1961, pp.277-291.
[2] Levine, *A. Handbook on Undergraduate Curriculum,* San Francisco Jossey-Bass Publisher, 1988, p.4.

和其后帕卡德（A.S.Packard）提倡的"General Education"，在美国高等教育史上，被称为第一次"通识教育运动"（General Education Movement）。

总之，耶鲁大学所发动的这一次不完全意义上的通识教育运动，从今天的观点看，耶鲁大学拒绝课程的变革和创新，拒绝自由教育和专业教育的融通，是违背真正的通识教育精神的，其实质是逆时代而行的。一个理想的通识教育者应该教授学生热爱真理，追求各种知识、追求高尚生活，并与时代并驾齐驱。不应该过分地排斥现代语文以及职业实用科目，甚至轻视社会科学和自然科学的课程。虽然当时是为了维护古典的博雅科目，特别是古典语文，但其实质是他们不承认人文、社会、自然这三大领域知识的内在统一性以及学科交叉对培养完整人的意义和作用。然而，他们对古典科目的那份坚持和忠贞今天仍然令我们肃然起敬。

相比之下，虽然哈佛大学的学科建设和通识教育改革也遭到保守派的抵制，但是最终经过埃利奥特的改革，把哈佛引入了现代世界的轨道。而且埃利奥特创立的那种具有现代精神的学术自由和自由选修浪潮，不仅对美国的其他高校产生了很大的影响，而且也对世界其他地方的高等教育产生了影响。

三、查尔斯·威廉·埃利奥特的通识教育改革

哈佛从在北美的土地上诞生到 19 世纪末，查尔斯·威廉·埃利奥特（Charles William Eliot）全面革新之前，其教育思想基本上是受牛津大学和剑桥大学的人文主义教育思想的影响。它的办学目标、入学要求、课程设置、学位授予及学生的生活方式几乎都照搬于英国大学。其教育目标是要培养牧师、律师和官员，课程主要是围绕人文主义开展，学生无权自由选课，须修完规定的科目方可毕业。直到查尔斯·威廉·埃利奥特时代，哈佛的课程设置才发生根本的变化，现在我们简单地回顾一下查尔斯·威

廉·埃利奥特改革之前，哈佛的课程演进过程及其相关因素，以便清楚地理解他在哈佛推行的通识教育改革。

哈佛的课程体系从 1642 年第一任院长邓斯特固定下来到 18 世纪中期，基本上没有太大的变化。1642 年哈佛学院课程表如下所示。[1]

	上午八时	上午九时	上午十时	下午一时	下午二时	下午三时	下午四时
第一学年							
星期一 星期二	逻辑 物理				辩论		
星期三	希腊字源学和句法				希腊文法 文学		
星期四	希伯来文				希伯来 圣经		
星期五	修辞学	演说	修辞学		修辞学	修辞学	
星期六	教义问答	备忘札记		历史 植物			
第二学年							
星期一 星期二		伦理学 政治学				辩论	
星期三		希腊诗 方法				希腊诗	

[1] L.A.Cremin , *American Education , The Colonial Experience ,1607~1783*,Harper Publishers,1970,P214.

星期						
星期四		闪语文法				
星期五	修辞学	演说	修辞学		修辞学	修辞学
星期六	教义问答	备忘札记				
第三学年						
星期一 星期二			算术 几何 天文			辩论
星期三		希腊理论		希腊散文 和 韵文练习		
星期四			叙利亚 文法			叙利亚语 练习 新约
星期五	修辞学		修辞学		修辞学	修辞学
星期六	教义问答	备忘札记	历史 植物			

　　显然，这个课程表是 17 世纪剑桥大学课程表的翻版。课程内容涉及希腊语、希伯来语、闪语、叙利亚语等古典语言，包括文法、修辞、逻辑、算术、几何、天文、亚里士多德的道德哲学（伦理学和政治学）、自然哲学（物理学）、历史、植物、《圣经》研读和教义问答。这是一个以古典语言和神学为核心的课程体系，是对欧洲教育的一个汇总。同时也融合了中世纪以"七艺"和亚里士多德哲学思想为主的传统课程，反映了文艺复兴时期对古典语言的兴趣和对宗教改革教育思想的渗透。在当时这是一个相

对完备的课程体系。在教学方法上，课堂教学主要采用讲授法，教师逐字逐句地讲解课文内容，学生也逐字逐句地做笔记，然后背诵课文和笔记内容，考试和回答提问也基本上不允许自由发挥，是比较机械和刻板的。

整个 17 世纪，哈佛学院的课程很少对欧洲自然科学的发展做出反应，仍然集中探讨神学和古典人文学科。而 17 世纪，在欧洲的学术界，已经不再对哥白尼（1473—1543 年）、伽利略（1564—1642 年）、笛卡尔（1596—1650 年）、培根（Francis Bacon，1561—1626 年）、牛顿（1642—1727 年）这些科学丰碑性的人物及其杰作感到陌生了。然而，哈佛大学依然敌视和排斥实用学科和自然科学学科，这些远远落后于时代发展的步伐。

18 世纪是欧洲的科学革命时期，科学蓬勃发展，新发明层出不穷。1746 年，莱顿大学的两名教授发明了储存和急速释放电能的莱顿瓶，富兰克林于 1753 年发明了避雷针。这时人们对自然界（当时称为博物学）也产生着极大的兴趣，自然界几乎被视为神，能永远加以研究。博物学家勤奋地收集矿物、昆虫、化石及其他物品并将其编目。汉斯·斯隆爵士（1660—1753 年）建立了大不列颠博物馆。这种收集和编目为系统地研究植物学和动物学奠定了基础。在系统的植物学方面，瑞典教授卡尔·林奈（1707—1778 年）最早提出了将植物分类的令人满意的方法，还将动物划分成哺乳动物、鸟、鱼和昆虫几大纲。

在 18 世纪的后 25 年中进行的工业革命对英国和欧洲的经济，最终对世界的发展产生了深远的影响。工业革命也影响到科学革命，并受到科学革命的影响。工业的发展对科学的发展提出了许多新要求，极大地促进了科学的发展，也提供了重新思考教育的契机。

在欧洲科学革命的影响下，北美殖民地政治经济变革加剧，哈佛学院的课程随之发生了较为显著的变化，向世俗和实用的方向发展。1737 年，霍利约克（E.Holyoke）接任哈佛大学的校长，他上任后，从教材入手，对哈佛学院沿用了近百年的课程体系进行了全面的改革。当时哈佛的教材比较陈旧，逻辑学、物理学、伦理学和形而上学等课程基本上用亚里士多德的著作，其他的课程也是用中世纪和文艺复兴时期的著作作为教材。霍利约克上任后，把牛顿的自然哲学、洛克的著作作为物理学、伦理学和形而上学等课程的教材。到1769年霍利约克任期结束，哈佛的课程基本更新。

自然科学的地位也在哈佛逐渐得到加强。1728年，哈佛学院设立了"赫利斯"的自然哲学与数学的讲座，鼓励运用论证和实验的方法讲授自然哲学和数学。1738年，24岁的温思罗普主持"赫利斯"讲座，他被誉为哈佛建校以来的第一位科学家，他将哈佛的教育和科学向前推进了一大步。他建立了北美殖民地的第一个太阳黑子观测站和第一个物理实验室。开设了电学和哈雷彗星的讲座，证明地震纯属自然现象，而非神意安排。他致力于科学研究，并努力把一些科学研究成果纳入课程中。

在北美殖民地时期，哈佛学院课程全部为必修，学生只有修完规定的课程，并通过考试，方可毕业。学生丝毫没有自由选择的余地和权力。独立战争后，随着政治对教育的期望不断升级，哈佛学院的发展也迎来了新的春天。1780年，哈佛学院改名为哈佛大学，它的培养目标也随着这个新国家的诞生而发生了巨变，据统计，自1782年到1804年，哈佛毕业生中只有不足20%的人去当了牧师，这表明哈佛培养目标多样化的时代已经随着共和国的诞生悄然而至。在杰斐逊的"均等主义"口号的号召下，学校的生源也发生了变化，很多中下层子弟进入了学校，哈佛不再是一个贵族阶级独享的地方。学生的名单排序也不再以家庭出身财富的多寡为标准，而是按照字母顺序进行排序。

19世纪初，哈佛大学增加了地理和代数。这些新学科进入课堂，也给哈佛的教学带来了一些变化。如二、三年级必修代数、几何、三角和自然科学科目。一年级数学课时增加，但古典语文仍然是学院课程的核心。以1800年为例，学生从一年级到四年级，必修拉丁语、希腊语和希伯来语这些古典课程，并且在入学时，拉丁语和希腊语也是必考科目。

然而，进入 19 世纪，美国社会发生了深刻的变化，新边疆的开拓、新科技和工业的发展，都对教育提出了新的要求。各州也纷纷成立了以农工为主的州立大学，其课程在古典人文学科的基础上进行了扩充，注重工业、商业、农业方面的专业教育。但是埃利奥特之前的几任校长，不管是保守谨慎、循规蹈矩的韦伯（1806—1810 年）校长，还是出身贫寒、平易近人的柯克兰德校长仍然把哈佛尘封在古典传统教育中。他们在任期间，基本上都是忠于古典教育，以培养绅士为目的并注重神学的发展。

虽然 1829 年昆西出任哈佛的校长也曾对哈佛进行了一些改革，如重视理科教学，兴办理科学院，建立了一座天文台。但是哈佛距离一所真正的现代大学还相距甚远。包括后来的哈佛校长埃佛雷特（1846—1849 年）、斯巴克思（1849—1853 年）、沃克（1853—1860 年）、费尔顿（1860—1862 年）、黑尔（1862—1868 年），都是当时的著名学者。但他们在任期内，也大都政绩平平，对哈佛没有太大的建树，哈佛在他们的领导下仍然被桎梏在一个以古典教育为主的院校之中，缺少顺应时代的变革和创新。美国社会在 19 世纪后期发生了深刻的变革，其他新兴的公立或私立大学大都对社会的变革做出了反应，如加大课程改革、把实用性课程引入教学，重新调整培养目标等。创建于 1866 年的康奈尔大学就直接提出了这样的培养目标，即要建立一所任何人都能学到自己想要学的科目的学校。时代已经不允许哈佛踌躇不前、徘徊于古典教育之中。那么，谁来引领哈佛迈入新的境界完成时代赋予它的使命呢？这一使命似乎注定要由埃利奥特来完成。下面我们来回顾一下，埃利奥特是通过怎样的努力使整个哈佛的面貌焕然一新的。

四、对埃利奥特的通识教育改革动因分析

近代通识教育的概念发端于美国，它的演化发展又与美国乃至欧洲的政治、经济等社会条件息息相关。本节主要分析影响哈佛大学第一次通识教育改革的主要因素。

（一）德国高等教育改革的影响

哈佛大学的通识教育改革受到德国洪堡大学教育理念的深刻的影响。19世纪第一所现代大学在德国柏林诞生。德国大学的改革主要起因于法国大革命和第一次普法战争的战败。德国政府希望通过教育来重振民族的自信心和凝聚力。1808年被任命为教育部长的洪堡在1810年建立了柏林大学。这所大学的建立可谓是影响深远。首先，柏林大学的治校方针是保持财政独立，坚持学术自由，改变了以往大学发展的趋向和功能；其次，柏林大学聘用一流的教授，加强学术交流，使大学成为集研究与教学于一体的结构，这对后来的大学产生了不可估量的影响，尤其是对美国的大学。

当美国高等教育全面改革的时代到来时，环顾四周没有哪个国家比德国更值得他们效仿了。德国不但诞生了许多哲学巨子，它还是现代大学的起源地。柏林大学的创办不仅意味着德国多了一所大学，而且是给整个欧洲的大学注入了新的活力和生命。这种新的大学精神就是：教师教得自由、学生学得自由和学术研究得自由。大学重要的不仅在于传授已有的知识而且更重要的是在于探究未知的、可能的知识。因此，大学的研究功能第一次被提了出来，大学成为向人类探究未知知识的一个场所。柏林大学的这些主张以及它所彰显出的新的大学精神正是新生的美国极力要寻找和学习的东西——大学应注重研究，要探究人类未知的领域，学生有学的自由，教师有教的自由，这正是新兴的美国社会所需要的。客观地说，在以后的

一百多年中，德国大学直接或间接地对美国大学产生了不可估量的影响。

早在独立战争前，美国就开始向德国学习了。比如，1815年首批美国大学毕业生埃弗雷特（Edward Everett）、科格斯韦尔（Edward Cogswell）、蒂克纳（George Ticknor）、班克罗夫特四人前往德国柏林大学。在其后的1820年到1850年30年左右时间里，大量的美国大学生前往德国留学，将德国大学学术自由和注重研究的态度带回美国，如前所述首批留德四人当中的蒂克纳1819年回到哈佛任教之后，便强烈批判当时美国大学只知教学而无研究的风气。[1] 他们四个人回国后都在哈佛学院任教，蒂克纳担任哈佛现代语和文学教授，建议哈佛应该按系组建，并将选课制引入哈佛。美国著名学者斯文在评价他们时说："总的来看，这四个人如果不是对哈佛学院，但至少是通过哈佛学院，对美国文学和高等教育产生了基本的影响。他们把欧洲学术带到了美国，打破了美国生活的孤立局面。他们丰富了美国思想，激发了美国学者正确评价德国知识和教学的重要价值。"[2]

在此后的一百多年中，约有一万名年轻的学子和学者去德国学习或访问，源源不断地将德国的教育思想带回美国。而美国许多大学在德国大学的影响下，课程逐渐朝自由、现代的方向迈进，开设了现代语文、自然科学、法律政治、经济社会和工艺技术等颇具实用价值的课程。而这些课程在《1828年耶鲁报告》中是坚决反对的。然而，不管耶鲁如何地坚持和反对，终将无法抗拒整个美国学术环境的实质性变化，多数大学还是朝着课程自由和多元的方向发展。

（二）政治因素的影响

---

[1]Levine, *A. Handbook on Undergraduate Curriculum*,San Francisco Jossey-Bass Publishers, 1988, p.501.

[2]Charles Franklin Thwing,*The American and The German University, One Hundred Years of History*,The Mamillan Company Press,1982,pp38-39.

美国独立战争，不仅是一场政治革命，也是一场教育革命。不管是保守主义还是自由主义他们都深信只要提高人们的聪明才智和道德觉悟就能确保美国的未来和信仰。新的观念、原则和生活方式也应该通过教育来重建。对政客来说，教育无疑是一个政治工具，可以用它来推进某种价值和信仰的形成，只有当人们能够做出明智而又有教养的判断的时候，才能赋予其真正的自由；只有那些有资格当选代表的选民能够做出英明抉择的时候，民主才能起作用。

在美国建国后的一个多世纪里，美国人不断地反思真正的美国教育是什么？为了推进美国的价值观念，政治领袖们也努力想营造一种与众不同的美国民族文化。他们甚至通过同欧洲的决裂来建立自己的行为方式，强调形成美国价值观的重要性。为了证明同英国的彻底决裂是合理的，美国不断地申明它所代表的一切原则与旧世界的腐败是不同的。由于只有通过美国本土的教育才能形成美国的特征，才能使美国从欧洲文化中独立出来。所有的这一切都要依赖于教育，教育的地位在北美大陆也被提高到了一个空前的位置上。尤其是高等教育，除了提高全体公民的文化知识水平，还应该培养出一批德才兼备的优秀人才。因为只是通过普及教育来提高人民的文化水平仍不足以防止民主政府蜕化变质，还必须通过高等教育来培养德才兼备的领导人才。哈佛作为美国高等学府的领头羊，也直接或间接地担起了这一重任，来培养一批聪明、正直的国家领导人、立法者和司法者，使他们能够解释政府的各项条令、法规，消除或遏制不必要的个人专断或违反他人利益的事。从哈佛先后培养出了众多总统、法官、议员足可以看到，哈佛在这方面做得多么的出色。

在 19 世纪后期，美国的社会发生了巨大的变化——"在这个时期意义深远的经济和政治运动中，国家的整个文化生活——国内的阶级排列、智力活动的影响、审美情趣、提倡知识和鼓励艺术的种种规定——发生了深刻的变化。"[1] 哈佛大学如果继续桎梏于古典人文学科中，将会严重地影响他的地位和长足的发展，明智的埃利奥特清楚地认识到这一点，通过各种方式来培养青年人的推理能力，开发其心智，培养其道德观念，逐步地将美德与秩序根植于青年人的心中。埃利奥特向他们提供广博的选修课程和传授科学知识以促进其健康、快乐、幸福，最终形成正确的行为及思考习惯。

其次，美国南北战争后，由于民主和人权观念的扩张，不同的实体对高等教育提出了不同的要求：理性主义者要求把大学办成有更大自由治学、求索的地方；民主派人士敦促高等教育学府的政策少些贵族和保守的味道；而大资产阶级则要求高等教育提供更多的实用技能课程，培养训练有素的工程师，让他们在边疆扩建铁路、公路、运河、石油开采和工厂建设中派上用场。他们也不惜重金在捐资助学、兴办学校上大显身手。比较有影响的有卡耐基、洛克菲勒教育基金.铁路大王卡耐基捐资创建了约翰·霍普斯金大学，石油大王洛克菲勒捐资建了芝加哥大学。各类工商界的大王，直接或间接地捐款设立大学和各种教育基金。内战后的美国社会走上了工业化、都市化之路，而高等教育面对社会的种种需求不得不做出回应。

如果说以上这些都是间接因素，那么对哈佛的通识教育和课程设置产生直接影响的一个重要事件，就是美国国会于 1862 年颁布了《莫里尔法案》(《Land Grant College Act》)。这种不可忽视的政治力量足以摈弃过去美国教育中保留的欧洲传统，给美国的高等教育注入重实用主义的农工商实用技术教育这一新的元素。该法案规定由联邦政府提供土地在每个州成立大学或学院，并鼓励学校开设与地方发展或战后重建相关的课程，特别是农业和工业方面，以传授实用和应用知识为主。社会对大学有强烈的需

---

[1] 查尔斯·比尔德，玛丽·比尔德著.美国文明的兴起.商务印书馆，1991，421.

求，并希望大学做出直接而快速的反应。大学要服务于社会最直接的做法就是它的课程设置要跟上时代的节奏，而美国的重建和开发西部的需要就是内部对实用课程迫切而强有力的需要。面对美国社会剧烈的变化，面对社会对大学的强烈需求，许多公立、私立大学的教育目的都在不断地转变，都在积极地进行课程改革。如1866年创立的康奈尔大学，"其目的就在于造就工业社会中有用的人，而不是培养绅士"，强调职业技术学科课程也自然偏向技艺类，其设校宗旨为"任何人都可以来学，任何科目都可以开授"（Teaching any Person.... any Study），学生可以广泛地选课；1876年成立的约翰·霍普斯金大学（Johns Hopkins），则以科学的基础研究为主；1886年设立的斯坦福大学（Stanford）和1892年成立的芝加哥大学（Chicago）综合了康奈尔大学（Cornell）和约翰·霍普斯基大学的特色，以职业技术的教育和自然科学的研究为主。[1] 哈佛大学面对种种冲击和威胁不得不做出反应。

在课程不断扩充的同时，哈佛大学好像从来就不曾放弃过来自牛津、剑桥以纽曼倡导的博雅教育为主体的博雅教育传统，即使它接受了19世纪初期德国洪堡创建的柏林大学所倡导的自由学术和以研究为主体的教育思想，也依然保持自由教育的精神。

建国后，不管是哪个派别或政党，他们基本达成这样的共识：即共和制度的繁荣不能没有广泛的公共道德，在建立政治制度去调和各种利益冲突的同时，鼓励教育事业的发展，以滋养大众的虔诚、教养和学识是非常必要的。同时也呼吁真正的美国教育，剔除旧的君主制度的一切残余，培养出富有凝聚力的、独立的国民；呼吁缔造一种崭新的共和性格，这种性格将植根于美国土壤，奠基于美国的语言和文学，渗透着美国气息的艺术、

[1] Robinson, Ben.*Making Students Saft for Democracy - The Core Curriculum and Intellectual Management. in How Harvard Rules*, edited by John Trumpbour, BostonSouth End Press,1989, p362-363.

历史和法律。教育的任务之一就是要促成来自世界各地的移民接受美国文化。这就意味着真正的美国教育从此开始了一种有意识的创造。因为美国性格还有待于界定，新型国家的健康和安全也依赖于教育。这些新的政治需求也成了哈佛大学通识教育改革不得不考虑的因素。

（三）埃利奥特通识教育改革思想受到人文主义教育思想的影响

人文主义的教育思想和事实，可以追溯到古希腊时代。在古希腊流行的一个学派叫"派代亚"，这个词就是人文主义的最早来源。到了罗马时代把"派代亚"一词翻译成休曼里塔斯（Humanitas）。英文的Humanities直接来源于拉丁文Humanitas，而拉丁文Humanitas继承了希腊文Paideia的意思，即对理想人性的培育、优雅艺术的教育和训练。公元2世纪罗马作家格利乌斯（Aulus Gellius）的一段话成了Humanitas的经典定义。

那些说拉丁语以及正确使用这种语言的人，并没有赋予Humanitas以一般具有的含义，即希腊人所谓的Philanthropic，也即一种对于人一视同仁的友爱精神和善意。但是，他们赋予了Humanitas以希腊文Paideia的意思，也就是我们所说的"Referred to The Rearing and Education of The Ideal Member of The Polis"，或者"美优之艺的教育与训练"（Education and Training In the Liberal Arts）。热切地渴望和追求这一切的人们，具有最高的人性。因为在所有动物中，只有人追求这种知识，接受这种训练，因此，它被称作Humanitas或Humanity（人性）。[1]

按照希腊人的想法，理想的人、真正的人，就是自由的人。所以，整个西方的人文传统自始至终贯穿着自由的理念，一些与人文相关的词组就

---

[1] D. Goicoechea, *The Question of Humanism*，Prometheus Books Press, 1991, p. 42.

是由自由的词根组成的，比如人文教育（Liberal Education）、文科（Liberal Art）等。人文一词里包含着两方面的意思：一是"人"，二是"文"。一是关于理想的"人"、理想的"人性"的观念，二是为了培养这种理想的人（性）所设置的学科和课程。前一方面的意思往往与"人性"（Humanity）等同，后一方面的意思往往与"人文学科"（Humanities）等同。值得注意的是，这两方面的意思总是结合在一起，有着内在关联：学科意义上的人文总是赋予理想人性意义上的人文，或相辅相成。教养和文化、智慧和德性、理解力和批判力，这些一般认同的理想人性，总是与语言的理解和运用、古老文化传统的认同，以及审美能力和理性反思能力的培养联系在一起，语言、文学、艺术、逻辑、历史、哲学总是被看成是人文学科中的基本学科。

　　人文主义思想的特点是：比较重视人的尊严和价值，把人作为目的，而不是手段；不管是人的身体还是心灵都是自由的。这些特点构成了西方人文教育所赖以存在的基础。人文主义者认为，一个民族的价值趋向会影响历史的演进。当一个民族的道德修养水平达到一定高度的时候，便可以阻止整个民族的普遍堕落和野蛮主义的出现。在人类文明史上，大规模战争的发动和残酷掠夺的出现都是野蛮对文明的重创和践踏。野蛮民族和暴徒之所以这样，是缺少一种永恒的价值和对善的渴望。一个民族文化的盛衰取决于对过去智慧的恰当运用和对文明社会基本伦理道德的尊重。任何文化的衰落，追其本源都与整个民族艺术水准的下降和道德的沦丧有关。而哈佛通识教育改革的目的也是基于对整个民族的文化水平和道德水准的提高。不管是埃利奥特还是他的支持者都充分地相信各种价值不是相对的，而是绝对的、永恒的和不变的。价值不仅是理智的抽象能力，而且也是人类经验的根本尺度。价值虽产生于一定的历史环境，但是人的本性是不变的。历史不是一些偶然事件或单独的文化，也不是个别人造成的。当代人所面临的一连串本质性的问题，同样是几个世纪前人们所面临的，善恶的标准也会差不多，即人类道德的基本问题——如正义、忠诚、责任等至今依然一样。

19世纪末20世纪初，新人文主义运动在德国兴起，同时，以洪堡为主要代表的新人文主义教育思想也在德国兴起，它以人文主义思想为依据，不仅在教育理论上提出了新的主张，而且注重教育实践。新人文主义在某种意义上是对文艺复兴时期人文主义的继续和发展，两者都提倡人性的自由，主张心智的开发和训练，但是新人文主义不同于人文主义者一个显著的特点是，主张利用古典文化中珍贵的东西，来促进民族文化的发展。洪堡正是基于对古典文化在新的历史条件下的新阐释和运用对柏林大学成功地进行了改革，并树立了大学在国家生活中的新形象。

埃利奥特在此期间曾经多次访问德国，也直接受到洪堡以新人文主义为特征的大学改革思想的影响。他在德国考察期间，柏林大学不管是自身的学术独立、自由原则，还是在社会生活中扮演的角色都给他留下了深刻的印象。埃利奥特出任哈佛大学校长后，以人文主义思想为基础在哈佛实施了通识教育改革，其目的是要陶冶学生的心灵和情感，发展其主体意识，锻炼健全的体魄，以促进个人身心的均衡发展。同时也帮助个体正视对现实社会应负的责任，了解人生的真谛，不断地完善自我，形成良好的教养和高尚的品格，不仅富有学识、拥有崇高的理想和纯正的情操，而且也具备一定的创造性。对国家具备基本的责任和忠贞，成为国家善良而有用的公民。美国建国后，一些仁人志士相信美国所面临的问题是可以通过恰当的教育解决的，至少部分问题是可以解决的。

埃利奥特在哈佛的改革中也在不断地实践柏林大学的原则，如：学术独立和自由、教师教的自由、学生学的自由，学生有权利根据自己的兴趣和爱好去选修课程。他深信，真理是越辩越明的，教学和研究的自由会推动知识和科技的进步与发展。他充分地认识到教授的学术水平对办好一所大学的重要性，因此为了吸引优秀的人才来哈佛任教他不惜重金聘用国内优秀的学者教授，同时，也用优厚的待遇来吸引欧洲的教授来哈佛任教。担任哈佛大学校长 40 年（1869—1909 年）的埃利奥特从根本上使哈佛蜕变为现代美国的研究型大学。埃利奥特的改革措施包括选修课程、小班授课，以及入学考试，此"哈佛模式"影响了美国国家的高等和中等教育政策。此外，埃利奥特还负责出版了著名的"哈佛经典"，从多个学科收集"伟大的书"。他的名字在 1926 年逝世后，已和"哈佛"共同成为美国高等教育普遍愿景的同义词。

第二节　罗威尔哈佛大学通识教育改革

一、罗威尔哈佛大学的通识教育改革

（一）罗威尔对本科生的通识教育改革

1909 年，罗威尔（Abbott Lawrence Lowell，1856—1943 年）继任埃利奥特成为哈佛校长。在罗威尔出任哈佛校长之前就对哈佛自由选修的缺失感到不满，有意矫正并经常予以评论。早在 1887 年，他就在《哈佛校友》上撰写文章批评选修制。他认为哈佛大学的自由选修制度是"教得太多而学得太少"（Too much teaching and too little studying）。[1] 但当时哈佛学院内外都受到选修课所取得成果的鼓舞，陶醉于选修革新带给哈佛的巨大声誉和进步的喜悦之中，基本上没有人真正认真反思过选修制带来的弊病。当时罗威尔人微言轻，他的批评基本上没有引起重视。而且罗威尔的评论常使埃利奥特感到不快。但是，两人在政治角力中，罗威尔渐渐占

---

[1] Smith, R.N. *The Harvard Century - The Making of A University to A Nation*, New York Simon and Schuster. 1986，pp71.

了上风。以至于 1908 年当埃利奥特有意辞去校长职位时，罗威尔遂成了公认的继承人。

事实上，1870 年到 1910 年，哈佛大学盛行自由选修，由于没有任何限制，带来不少弊病。自由任选之后学生所学欠缺系统，零乱杂漫；一些学生避难就易，所学知识广而不精、博而不专，忽视基础课的学习；没有全体学生的共同必修科目，难以形成共同的文化，这三者皆非大学教育的宗旨。自由选修制否认了教育应该有的内容，造成大学教育的混乱，教学充满了危机。

罗威尔的上任标志着他拯救这种危机的机会来临。上任后，他领导了哈佛的第二次的通识教育改革。首先，他立即制定了改革自由选修制的方案，并对方案的可行性进行不断的调查、研究和论证。并于 1914 年开始在哈佛全面地实施他的"集中和分配"课程制度方案，来取代自由选修制。集中与分配制的具体做法是要求哈佛本科生在就读期间，学生毕业最低限的 16 门课当中，必须有 6 门是集中主修某一领域，其他 4 门则必须在自然科学、社会科学、人文学科三个领域当中去选择（Distribution）[1]。

实际上，所谓集中课程，就是专业课程；分配课程，就是通识课程。学生通过对前者的学习，可以掌握系统牢固的专业知识；通过后者的学习，拓宽自身的知识面。这种课程体制既可以使学生系统扎实地掌握专业知识，又可以让学生在不同的领域掌握一定的知识。正如罗威尔所言，"在当今复杂的世界，最好类型的自由教育的目标在于培养知之甚广而在某一方面又知之甚深的人。"[2] 总之，罗威尔的通识教育思想主要体现在他认为大学的培养目标应该是使个体具备一定的专业素养，同时又具备各方面广博的知识；培养学生逐渐形成广泛的同情心和判断力，而非成为片面发展

[1] R.N.Smith,*The Harvard Century, The Making of a University to a Nation*, New York, Simon and Schuster, 1986,p66.
[2] R.N.Smith,*The Harvard Century, The Making of a University to a Nation,* New York, Simon and Schuster, 1986,p69.

的专家。

罗威尔对埃利奥特时期哈佛本科生的教育质量深感不满，他觉得哈佛的学风有待整顿。许多有才华的青年进入哈佛后变得不思进取、不求上进，变得平庸，部分原因与哈佛的学位制度和考试制度不够严格有关。他上任后，采用了当时牛津和剑桥的"荣誉学位考试制度"，荣誉学位授予那些毕业时成绩优异的学生。具体做法是，每个学位候选人所有的学科成绩必须优异，到大四的时候须呈交一份论文，且成绩必须达到良或以上才行。毕业时，综合考试通过，毕业论文成绩是良或以上，达到要求的学生方可获得荣誉学位。为了鼓励学生争取荣誉学位，哈佛规定，获得荣誉学位候选人资格的学生，可以免修第四学年的一半或全部的课程，为他们提供充足的时间准备论文。期间，他们可以在专门导师的指导下，对自己感兴趣的学科进行专深的研究。

荣誉学位制度激发了许多哈佛才子的研究热情，为哈佛研究生院准备了后备军，学生的学习积极性也被充分地调动起来。到罗威尔离任时，哈佛已有40%的本科生获得荣誉学位证，优秀毕业生的人数显著增加，本科生的质量明显提高。

此外，他还设置了"通识测试"。从1927年起，在通识测验前有三个星期的"阅读期间"以备测试。在通识课程中新设综览概论性的科目（The Survey Course），将广泛的学术知识作大纲概要式的介绍。罗威尔认为人类知识在不断地扩充，这种概论性的介绍课程，可以让学生获得他所处时代知识的全貌，并对知识整体性有一定的印象。同时也可以使学生对不同科目有广泛而初步了解之外，对人类整体知识有一个概要性的认识，对人类经验也有一个完整性印象。所有文理科系的学生均须研读这种概论性的课程，其"目的在于使学生了解人类社会的事实情况和显示社会科学的研究方法，并且提供有关伦理、逻辑、历史、经济、法律、和政治方面的教学内容"。[1]

此后，这种概论介绍性的科目在各大学中盛行开来。例如，1919年哥伦比亚大学（Columbia）著名的当代文明（Contemporary Civilization）更成为各校争相仿行的范本。这门课程主要是将西方人类文明从政治、经济、建筑、艺术、工艺、科学、航海等多方面作综合性和介绍性的说明与探讨。该课程是所有学生不分科系均需修读的。约在同一时期，达特茅斯学院（Dartmouth College）也开始教授进化（Evolution）和民主问题（Problem of Democracy）两门此类性质的课程。

（二）罗威尔对哈佛通识教育环境的培育——住宿制

罗威尔建立了学生的住宿制度，他认为，"年轻人的性格不仅仅取决于所接受的教育，而且在很大程度上取决于他们所生活的良好同伴的气氛"。住宿制的建立是基于罗威尔对这种生活模式的信任，即在同一个屋檐下不同经历和专业的学生可以很好地交流和学习。他肯定了群体教育的价值，认为生活教育也有潜移默化的作用。共同生活可以很好地促进同学之间良好的互动，在潜移默化中培养学生的品质与智能的增长。哈佛吸引了来自全国各地的优秀青年，他们来自不同的社会阶层，具有不同的文化背景以及不同的生活方式和价值趋向，这本身就是一种很好的教育资源。学校应该为他们创设一种容许不同文化碰撞和融通的环境。没有什么比让他们在一起生活更容易相互交流和学习的了，住宿制度便应运而生了。

在罗威尔任期中，大兴土木，兴建了许多教学楼、图书馆、实验楼以及七栋宿舍楼。从1910年到1914年，先后建了3栋，每栋宿舍都带有餐厅、活动室等附属设施，每个房间住1~5人不等。住宿费学生一般都可

---

[1] Thomas, R ,*The Search for a Common Learning: General Education 1800-1960.*,New York McGraw-Hill Press,.1962. pp.66-67

以负担，对贫困的学生大学会提供资助让他们住宿。住宿制度增进了学生的交流，拓宽了他们的知识视野，弘扬了通识教育的精神。罗威尔在任期间，学生从 4000 人增加到 8000 余人，教师从 743 人增至 1635 人，捐款数目增长了 5 倍（从 2200 万至 126000 万 ），增建了 60 多所建筑。此时哈佛的新增建筑超出了哈佛历史上的总和。

二、对罗威尔通识教育改革的动因分析

（一）促成罗威尔通识教育改革的社会因素

19 世纪末 20 世纪初依然是一个令美国人烦恼的年代。由自由竞争向垄断的过渡引发了社会的阵痛和震动。随着大企业的迅速发展，产生了新的政治经济力量。在新的社会结构中，一些原本社会地位较高的专业日益黯淡，律师甚至沦为大企业的工具。一些律师不是进入法庭替案子辩护，而是为公司和商品出谋划策，看如何能在不冒太大危险的情况下钻法律的空子。教会也成了物质至上主义的场所，大肆地聚敛财富，背离了他们的神圣职责。较老的大家族也受不了新贵族们的行为举止，谴责他们缺乏教养、在社交场合行为粗俗和海盗式的经营方式。社会的下层阶级也感到越来越不满，他们传统的生活方式也受到了威胁。

19 世纪末美国工业取得的成就是以牺牲道德为代价的。总之，要解决"工业文明的综合征"，必须从道德入手。这样教育的责任和所扮演的角色就凸显出来了。罗威尔呼吁，哈佛培养的美国未来的经营者和管理者要信守基本的道德规范，要珍视传统社会的价值观，形成共同的文化。首先，未来的社会公民应该在某一领域有建树；其次，应具有较高的人文素养和人文关怀，有向善的本性。哈佛大学作为美国社会的一个重要的精神堡垒，在美国社会中扮演着重要的角色。面对社会的各种危机，对教育进行深度改革来缓解危机是非常必要的。毋庸置疑，教育一向是一种不错的挽救社会生活中的道德危机的途径。而当时的哈佛盛行的自由选修，由于没有任何限制，自由选修所学的知识缺乏系统性，比较零乱杂漫；学生也出于各种原因，所学的知识广而不精、博而不专；没有全体学生的共同必修课目，难以形成共同的价值观念和文化。罗威尔在哈佛推行"集中和分配"课程制度方案的目的就在于让学生掌握某一领域系统的知识的同时，并通过对社会学科、自然学科和人文学科的学习来拓宽自己的知识面，提高智力和人文素养。在智慧和品格培养方面，克服自由选修时期学生的自由散漫的态度，增强他们的社会归属感、责任感和民主意识。而且通过对某一领域或专业的集中学习可以使学生掌握以后的谋生技能和适应美国工业化过程中对专业人才的需求。

（二）受到进步主义运动的影响

19世纪中叶以前，美国人奉行的社会哲学是以个人主义为核心的自由放任主义。具体表现为：强调政府不干涉民众的生活，强调个人的权利和人身自由不受侵犯，提倡个人主义和自由主义。这种价值观在经济领域内则表现为经济个人主义，反对政府干预。美国的个人主义传统源于英国，由移民将其带入北美大陆，随后在北美独特的土壤里得以充分地发展。美国思想文化中的那种强调个体、自由和权利的自由主义传统与源源不断而入的广大移民的积极进取精神相对应，对推动北美大陆的大规模开发和美国的崛起，曾起到了有益的和值得肯定的作用。

但是到了19世纪末20世纪初，在"工业文明综合征"的威胁之下，美国的民主制度日益受到严峻的考验。人们的民主意识普遍淡薄，资本家通过收买政客操纵政治。那是一个金钱至上的时代。人人都热衷于追求财富，为了达到目的不择手段，钱权交易比比皆是。少数人对政治的操纵便是对民主体制极大的讽刺。事实上，当时的政客只不过是台前的傀儡，幕后仍然是大资本家在操纵政治。他们一方面反对政府的干预，一方面又利用政府制定有利于他们的政策聚敛财富。在大财阀面前，政府显得越来越软弱，民主制度实际已经徒有虚名，腐败日益严重。1905 年，法国人绘制了一幅美国的政治地图，对美国 45 个州的政治状况进行了区分。图上标明政治清明的州只有 6 个，部分腐败的有 13 个，完全腐败的则达 25 个。[1] 这说明在美国的国家财富增长的同时，政治腐败、金融操纵一切的现象也随之增加，城市的丑陋不堪和拥挤以及下层人民的贫困潦倒，无所依靠。

为了捍卫美国的民主和自由的信仰，也为了能解决社会发展中出现的这些文明综合征，一些进步主义者通过媒体使用激烈的措辞批判和揭露社会问题，从而形成了进步主义运动。"进步"这个词揭示了当时美国一场广泛的社会改良运动的真正含义，而"进步教育"实际上就是教育中的进步主义，旨在通过学校教育去改变社会生活和个人生活。它强调教育的多样性、学校与社会的协调发展以及课程内容的扩充，也强调教育对民主观念的传递。相应地作为社会良知的高等学府的革新也风起云涌。同时，社会的剧烈变化也拓宽了教育关注的新视野。

罗威尔本人虽然没有以进步主义者的身份为学界留下鸿篇大作，但他绝对是个进步者，处于一个工业文明的危机时代，受到进步运动的影响，他作为一个关心民主社会命运的著名学者和领导哈佛走向未来的校长，对哈佛培养什么样规格的人才和美国公民肩负着不可推卸的责任。他指出："大学在许多方面与社会发生联系，随着时间的推移，其服务于公众的渠道日益增多。而大学所有的活动又或多或少地与本科生学院相联系，多数活动以学院为基础。正是在学院中，学生养成性格，形成抱负，获得公民意识，建立学术兴趣。"[2] 青年一代各方面的素养关系到国家的前途和命运，

---

[1] 李剑鸣著. 大转折的年代. 天津教育出版社，1992，39.
[2] S.E.Morison, *Three Centuries of Harvard 1636~1936*, Harvard University Press, 1937,

而青年人的素养很大程度上取决于他接受过什么样的教育。大学既然聚集全国各地的优秀学子，就应该把他们塑造得更好，而不是相反。罗威尔对当时哈佛的本科生教育质量状况极为不满。他抱怨道，许多才华横溢的青年一旦进入哈佛，就失去了往昔的学习动力和热情，在学业上不求上进，不思进取，把学业当成例行应付的差事。这种情况对于一个处于进步中的大学是不可容忍的。

其次，20世纪初的哈佛规模与日俱增，已经发展成了近4000人的大学，不管是外部环境的迫切要求，还是从哈佛自身的利益出发，对哈佛进行一场彻底的改革都是迫在眉睫的事。与此同时，哈佛的教授们也在思考工业文明综合征和政治危机的根源并积极寻找医治的办法，并积极支持罗威尔的改革措施。或许哈佛的学者们很清楚这一点，即个体道德堕落与社会的进步文明发生严重的冲突，个体的行为普遍失控会诱发一些灾难性后果，或许会为了更多地占有去掠夺，那么原有的文明和进步从理论上讲是无法维持的。文化的衰落和文明的衰退也在所难免，只有通过恰当的教育才能加以挽救。同时，他们也看到社会财富聚集在少数人的手里，经济的发展进步没有让大多数人受惠，于是社会骚乱在所难免。哈佛的学者们对社会的不公正、腐败等现象进行了深入的批判，有的也加入了进步运动中，与社会各界的进步人士一起推进民主的进程。同时，为了使社会的物质进步和文化文明发展同步，政府也只能将目光投向教育，提高全体公民的普遍理性和智力道德水平，让公民信守民主社会的基本原则。

罗威尔领导的这次哈佛通识教育改革，从当时的社会背景出发，分析其原因可以发现，此次改革的出发点不但是想让哈佛加快现代化的进程，培养一批德才兼备的社会精英，也是为了缓解"工业文明综合征"的危机。这与罗威尔一贯的主张是一致的，他认为大学除了传递人类文明，还应该

444-445.

对时代的道德负责。

第三节　科南特哈佛大学通识教育改革

一、科南特哈佛大学通识教育改革

（一）科南特及其在哈佛大学的通识教育改革

1933 年，詹姆士·科南特（James B.Conant）当选为哈佛的第 23 任校长。不同于埃利奥特和罗威尔那样出身于名门望族，科南特出身波士顿平民家庭。通过自己的勤奋努力，于 1913 年获得哈佛学士学位，1916 年获得博士学位。他比较低调和务实。在校长的就职典礼上，他并未像前任罗威尔那样发表长篇的就职演说。他说："我不打算像罗威尔那样在公众大型集合场中发表就职演说，因为我对哈佛的改革还没有一套完整的事先计划。"[1] 在 1936 年哈佛创立三百周年的校庆典礼上，科南特作了他第一次公开场合的演讲，题为《美国大学的传统——昨日与明天》。他认为美国的大学必须在四方面求取卓越而平衡的发展：学术的提升；文科和理科教育；专业教育；学生生活。此外，科南特特别指出，哈佛本来就是由一群反对英国国教的异议人士所创设的。哈佛拥有包容不同意见的自由传统。哈佛将继续保持并发扬这种自由思想、探求真理的校风。

科南特本人虽是科学家出身，但他以对历史和西方哲学的研究而享有盛名，具有较高的人文素养。作为二战后哈佛大学的舵手，他首先需要思考的是：大学在人类文明和社会发展中究竟应扮演什么样的角色？大规模的战争，仅仅是一两个人的错吗？是什么导致人性的普遍堕落和倒退？如

---

[1] J.B. Conant.*My Several Lives* . New York Harper Row Press, 1970 ,86.

何在自由社会中培养具备基本良知的公民？大学教育在多大程度上能开发出人性中善的潜质？为了确定哈佛未来的教育目标，1943 年，科南特筹建"自由社会中通识教育目标的委员会"，任命哈佛历史系兼文理学院院长巴克为主席。这个委员会由 12 位在历史、教育、生物、哲学、语文、政治、化学、物理等方面表现杰出的教授和校外人士组成。历经两年的调查研究，该委员会于 1945 年发表了《自由社会的通识教育》（《General Education in A Free Society》）。该书以哈佛的传统深红为封面，因而习称为红皮书（Red book），也有人称它为二战后通识教育改革的"圣经"。科南特为该书作了一个很长的序。该书的内容基本上反映了科南特领导下哈佛通识教育改革的基本思想。至少从书名就可以看出该书学术价值和政治目的并存。书中更明确指出，通识教育的目的在于宣传民主价值，教育大学生如何成为自由社会的公民。当然，这一点是可以理解的。当时，几乎每个人都耳闻目睹了纳粹、法西斯、日本军阀等集权主义极端反人道反民主的暴行，也对共产主义的集权惊恐万分。在他们看来，这些都严重威胁着美国自由民主的信念。

哈佛红皮书提出通识教育的目的在于培养"完整的人"。此种人需具备四种能力：有效思考的能力；能清晰地沟通思想的能力；能做具体明确判断的能力；能辨识普遍性价值的认知能力。[1] 通识教育和专业教育是高等教育中两个不可分割的组成部分。通识教育的目的在于培养有责任感的人和公民，专业教育的目的在于培养学生进入职场后应具备的基本技能，二者是相辅相成不可分割的。红皮书提出通识课程应包括人文学科、社会科学、自然科学三大领域。该书提出的课程计划中要求每个学生修满 16 门课程方可毕业。其中 6 门是通识课程由罗威尔时期的四门又增加两门，这六门的通识课程必须在人文、社会、自然三大领域中至少选一门， 而

[1] Harvard Committee. *General Education in a Free Society*. Cambridge. Mass Harvard University Press ,1945,64-73.

其中人文领域中必须选读文学经典名著。此外，还可以选读文学、哲学、美术、音乐方面的科目。社会科学领域中必须选读西方思想与制度。此外，可以选读美国的民主、人际关系方面的科目。在自然科学领域中，可以选读自然科、数学、物理、生物等方面的科目。[1] 红皮书提出的观点和课程方案构建了通识教育课程的基本框架，奠定了哈佛实施通识教育的基础。

科南特在哈佛的教育改革中很好地定义和平衡了通识教育和专业教育。科南特认为，"在我们的实际生活中，通识教育和专业教育是不可分的，臆想一种教育与另一种教育通识教育分开是非常错误的，通识教育对培养学生今后作为一个负责的人和公民，是不可或缺的一部分。"[2] 社会分工越来越细，对专门人才的需求也越来越专门化。面对此种情况，科南特认为，"我们生活在一个专业化时代，学生的成功与否往往取决于他对某个专业的选择，无论是化学家、医生、工程师、还是某个手工或技术性行业的专家，专业不管是对他们自身还是社会的发展都是至关重要的，它是推动我们变革社会的一种方式。"[3] 因此，忽视专业教育是危险的，不利于社会的整体进步和发展。因此，必须使专业教育和通识教育达到融合，相互滋养，从彼此的领域中吸取养分，把"个体培养成既是某一领域的专业人才，又是具备一定人文素养的自由公民。"[4] 以促进社会的和谐发展。

（二）科南特哈佛大学通识教育改革的影响

---

[1] Harvard Committee,*General Education in a Free Society*,.Cambridge, Mass Harvard University Press,1945, pp.204-230.

[2] R.Hofstadter and W. Smith,*American Higher Education,A Documentary History*,The University of Chicago Press,1961,p964.

[3] R.Hofstadter and W. Smith,*American Higher Education,A Documentary History*,The University of Chicago Press,1961,p965.

[4] R.Hofstadter and W. Smith,*American Higher Education,A Documentary History*,.The University of ChicagoPress, 1961,p965~966.

科南特领导下的这次通识教育改革，从纯学术的方面看它只是对罗威尔主持的通识教育改革和芝加哥大学名著运动进行了某种整合，然后又加入了一些民主意识教育，没有太多的原创性和重大突破。但是这次改革仍然在全美引起了很大的反响，尤其是对美国其他高等院校课程设置和培养目标产生了巨大的影响。许多院校纷纷调整课程，反思专业教育和自由教育割裂的危害。并进一步加强通识教育，把许多新的科目或内容引入通识课堂。随着战后美国在世界中角色的转变，高等教育也开始注意非西方的或美国之外的其他国家的文化和经验以及新旧学科内容的组合， 如布朗大学（Brown）开设了自然和社会学科交叉学科"20 世纪的物理及其哲学的意义"（Twentieth Century Physics and Its Philosophical Implications）以及其他以解决人类共同问题为中心的科目。而安提克大学（Antioch）开设了"人类存亡问题的全球观点"（Human Survival in Global Perspectives）以及其他注重思考方法的培养而非传授内容的科目。布朗大学开设的"思想的类型"（Modes of Thought）以及注重个别差异的小型讨论课程。杜克大学 （Duke） 举办的"学习经验小组讨论"（Small Group Learning Experiences）等。

在红皮书的间接影响下，哈里.S.杜鲁门总统于 1946 年建立了一个高等教育委员会，该委员会于 1947 年发表了题为《致力于美国民主的高等教育》的报告。报告主张大量扩充高等教育，要求各个学校扩大招生，各州增设各类高等学府，特别是社区学院；认为高等教育不应该受到个人奖金、种族、宗教、地区、学历等方面的限制；主张强化通识课程和实施通识教育方案，要求通识教育与专业教育密切结合。该委员会呼吁将高校的招生人数提高一倍，即从 1974 年的 230 万提高到 1960 年的 460 万人。该委员会还建议：首先，各州设立机构，计划在全州范围内建立新的高等教育学院；其次，迅速扩展社区初级学院规模；再次，由联邦政府根据需要设立本科生和研究生奖学金项目；最后，通过联邦政府的立法取缔基于种族、肤色、性别和收入等差别在高等教育中存在歧视。该报告主张高等教育的大众化，认为任何美国公民都有权要求至少两年的高等教育。当时，国会对该委员会的报告反应冷淡——没有举行听证会、没有颁布任何法令，也没有任何拨款。但是该报告的深层影响相当深远：州政府建立了相关机构；社区学院增多；联邦政府最后设立了许多奖学金和贷款计划；虽然历史遗留的歧视问题没有完全消失，但在相对减弱。从这个意义上讲，红皮书间接地对美国战后社会生活产生的影响是不可估量的。

该报告是美国高等教育大众化的时代到来的一个引擎。由此，政府开始对高等教育的服务功能进行强化。该报告也引发了美国高等教育观念的一个新的转折，即要求大学走出象牙塔服务于社会。杜鲁门的委员会认为美国大学不能再认为自己仅仅是培养知识精英的机构，而是必须成为"每个公民、青年和成人有能力、有勇气继续学习的手段，不管是正式的还是非正式的学习，只要他的天赋能力允许"。[1]

此报告专门用一章《通识教育和职业教育的关联》来阐述有关职业教育和通识教育的问题。对当时的专业教育进行了反思，认为过于专精化会导致知识的割裂和人格的不完整，对个人和社会的发展是没有好处的。而通识教育可以通过提供一些共同的经验，某些价值、态度、知识和技能，使个体能在自由社会中恰当幸福地生活。此后，社会各界对通识教育的关注明显增加。

该报告认为通识教育的目标应该是：[2]

（1）能展现出具有民主理念和伦理原则的行为。

[1] *A Report of the President's Commission on Higher Education ,Higher Education for American Democracy,*Washington, D.C Government Printing office ,1987, p.8.

[2] A Report of the President's Commission on Higher Education,Higher Education for American Democracy,Washington, D.C. Government Printing office ,1987, p.9~10.

（2）能积极参与所属社团的活动，能贡献自己的知识和能力。

（3）能表达人际相互尊重的认知和行为，以促进了解与和平。

（4）能了解和运用自然环境，应用科学的方法解决自己生活难题，对人类社会有基本的认知。

（5）能了解别人的观点，能有效地表达自己的观点。

（6）能把握自己的情绪，能适应社会，与人相处。

（7）能维持自己的健康和体能。

（8）能了解和欣赏音乐、文学、美术，并参与技能活动。

（9）能与家人美满生活，具备基本的家庭知识和伦理知识。

（10）能具备基本的专业知识，做好自己的专业，并在工作中展现自己的才华。

（11）能有一定的批判力和独立思考的能力，具备一定的思想。

通识教育是建立在人性基础之上的。它以人为终极目的，以培养人的完整性和开发人的智慧来对抗专业化时代把人作为各种工具（如赚钱谋生的工具）的观点；通识教育也是以帮助人获得真正的自由为前提的。不管学生将来从事什么样的职业，通识教育会为他（她）成就完满的人生、幸福的生活奠定基础。在美国这样的民主国家中，实施通识教育也是在培养自由社会的公民，既是人民的权利也是国家的义务。

二、对科南特哈佛大学通识教育改革的动因分析

20世纪40年代的哈佛通识教育改革发生在人类有史以来最残酷的战争之后。此时的美国公众对外希望在激烈的竞争中继续保持领先的地位；对内则要求培养民主社会的公民和共同的价值取向，以教育加强国家政治、经济、军事和科技实力。下面分析一下影响这次哈佛改革的一些因素。

（一）现实动因

　　自美国建国以来，美国人生活在民主、自由、平等的信念之中。但是，两次世界大战、经济大萧条等一系列的事件严重地动摇了美国人的民主自满情绪，也削弱了他们对自由主义民主的信念。美国人目睹了纳粹、日本军阀等集权主义极端反人类、反民主的暴行，他们对共产主义也感到惶恐不安。在他们看来，这些都严重地威胁着民主的存在与发展。在美国内部，很多地方的民主根基不稳，经济混乱、政治处理不当。在欧洲大陆上，法西斯肆意横行，一再犯下侵略罪行，不断地反人道、反民主。一开始，美国人并没有去捍卫民主和人道，这对信奉人道和民主的美国来说，不能不说是一种深刻的讽刺。而战后时期也是一个幻想趋于破灭的时期。因为经历了有史以来最残酷、最灭绝人性的战争的人们不敢再相信正义、民主这些伟大字眼的存在，不可避免地坠入失望和混乱的状态之中。这个时候美国的高等教育开始深刻地反思那个灾难性性的时代，并试图对社会中出现的新需求做出回应。在战后，像美国这样一个奉行民主的国家里，大学应该扮演什么样的角色呢？在自由社会中，大学的功能又是什么呢？这一系列的问题等待着像詹姆斯·科南特这样大学的教育掌舵者做出回应。所以他首先思考和实施的是如何培养自由社会的公民也就是情理之中的事了。

　　科南特在任期间，联邦政府也一改过去对教育不闻不问的态度，实施了一些对美国高等教育产生深远影响的法令，比如《军人再就业法令》。该法令要求大学接受那些因参战而失去上大学的机会的大量退伍军人。还有《大兵权利法》确保了他们完成学业的费用。可以认为是这些法令启动了美国高等教育大众化进程。虽然法令制定之初不是源于对教育本身的关注，只是为了减轻大批复员军人对社会发展的影响，是出于一种人道主义考虑。可是最后的实际影响却远比所设想的更加深远。单纯就大学而言，因为大批的复员军人的涌入，大学的在校人数猛增，客观上也会促进大学的课程和教授方式的改革，以适应这批年龄相对大一些、经历和一般人不一样的特殊学生。

（二）理论动因

科南特的通识教育思想是建立在要素主义基础之上的，他本人也被列入要素主义者的阵营。要素主义教育思想是在反对进步主义的基础上建立起来的。在世界经济大萧条及大恐慌爆发之前的一段时间，进步主义的发展达到了鼎盛时期。随着二战的全面爆发，民主国家受到集权国家的破坏和威胁，要素主义兴起。二战之后，要素主义者不满当时深受进步主义影响的学校教育的现状，对进步主义主张的生活适应课程大加抨击。要素主义课程理论是美国20世纪二三十年代作为进步主义课程理论的对立面而产生的，其主要的发起人是巴格莱，目的在于弥补和修正进步主义教育的缺陷。巴格莱认为，进步主义教育课程论主张以儿童为中心，强调儿童的兴趣、目前的需要和个人经验，反而导致忽视学习的系统性和稳定性，对于国家和社会的发展非常不利。于是为弥补进步主义教育的缺陷，教育中掀起了"返回基础"的运动，新的教育思潮风起云涌，在这期间，要素主义课程理论本着对国家、民族发展的前途和命运的责任感以及青少年应当真正掌握系统的知识和过硬的本领为价值取向，该理论的代表人物如巴格莱、贝斯特、科南特等发表了一系列观点和教育思想，这对美国的教育影响很大。要素主义的教育原则大致是[1]：（1）编订固定的课程；（2）设置少数基本科目，如语文、数学、历史及其他科目；（3）预先权衡各种教育的价值；（4）教育即对独立存在于个人之外的绝对知识的个别适应。

要素主义对进步主义不满，就在于它对学生缺乏严格的要求，缺乏严格的学业标准，要素主义指这种做法是危害性极大的。要素主义者认为，

---

[1] 高广孚著.西洋教育思想史.台湾五南图书出版公司，1996，254.

"许多学校系统完全放弃了作为学生升级之条件的严格的学习成绩标准，让全体学生'找时间表准时通过……过去在中年级里有一些'留级生'，现在都代之以一些缺乏基本训练并且知识上有缺陷的'跳级生'。"要素主义者认为一方面它不能造就社会需要的合作人才，造成教育资源的浪费，造成美国在高科技领域里缺乏与其他国家抗衡的力量。另一方面，缺乏严格的学业标准不仅"对于学习者和民主集体都是严格的不公道"，而且威胁着学校，也威胁着自由本身。因此要素主义课程论主张的课程评价标准是十分严格苛刻的。在他们看来，低目标等于无目标，会带来民族灾难。因此对学生学习要坚持严格标准，如学生达不到标准，就要判不及格，叫他留级。留级固然不经济，但不能否认其对学生的鼓励作用。[1]

　　进步主义以实用主义哲学为基础，是以"变"为中心的观点。认为宇宙是一个大变局，进步包涵着变化，而变化包涵着新奇，而新奇就要求有新的经验和法则，以往的经验在很大程度上是无法适应新的形势的。因此，进步主义强调经验世界的变动性，不认为事物是恒定的。由于经验是变动的，因此真理也会随之变化，世间是不存在永恒绝对的真理的。因此，进步主义否认权威，崇尚自由和民主，重视适应与进步，强调对人性的尊重。

　　要素主义则以理想主义和实在主义为基础。坚信宇宙是一个定局，虽然存在变化，但这种变化是现象，而非本质。而且即使变化也是有规律的，万变不离其宗。教育应基于不变的本质，去适应变化的世界；教育的内容应该是代代相传的文化遗产，强调文化价值的永恒性和客观性。要素主义者非常不赞同进步主义者在教育中所持的"世界普遍存在变化"的观点。他们强调教育必须以普遍真理为基石，其教育的基本原理为：（1）教育的本质具有不变性，环境变化无常，但人性始终如一；（2）教育不是模仿生活，而是预备生活；（3）学习要经过一定的努力和遵守纪律；（4）注重教

[1] 肖素英. 要素主义课程理论对我国新课程的启示与借鉴. 中国电力教育，2009（22）.

师的主动性；（5）教育应该有一定的教材，学习系统的知识，而非零散的经验；（6）强调理智训练的重要性；（7）教育的内容应该定位于传授人类文化遗产中的精华。

基于要素主义的观点，科南特认为教育的目的首先在于传授人类文化遗产，使学生形成共同的文化，培养普遍的信仰，成为一个民主社会中的好公民。其次，通过训练智力，提高个体的科学和人文素养，为将来满意而美好的生活做准备。再次，要具备一定的专业知识，为进入职场实现自身价值和推动工业社会的发展做准备。

科南特是这样定义通识教育的。他说："通识教育的争论，主要在于选择何种西方世界的文学和哲学作为全国青少年的教育基础。"[1] 他认为，"公立教育制度的目的究竟是什么？假定是发展一个自由民主国家的有效公民，那么我们通识教育的目的应该是有方向性的；假如目的仅仅是发展学生的理性能力使学生受到西方文化遗产影响，研习西方优秀的传统文化，训练心灵仅仅是达成公民教育的途径之一，而现代世界发生了变化，仅仅靠优秀的传统文化和书本知识显然是不够的。"[2] 因此，科南特认为，如果学校依旧把"训练心灵"自视为高人一等的教育，显然是太陈腐、太过时了。

在科南特看来，教育的功能一方面是基于教育机会均等原则，充分发挥个人的潜能，以达到美国民主社会的理想；另一方面，教育是实现民主的一种方式。大学应该为所有的人提供机会，让每个受教育的人的潜质得到充分发挥。同样，对那些天才要进行特别的帮助，不能因为一些特别的原因而埋没了他们的才智。科南特说："大学的生命是要靠人文教育和专业教育来维持的……大学是学者们高度独立的自治区，进行专业化教育，

[1] Conant, J. B . *Education in Divided Word*,Cambridge Mass Harvard University Press,1949 ,.pp.74..

[2] Conant, J. B. Education in Divided Word,Cambridge Mass Harvard University Press,1949 .pp.75.

促进知识进步，传授人文教育，以培养未来领袖。"[1] 对于大学生来说，接受通识教育可以提升他们在人文、社会、自然等方面的素养，打破知识的割裂，形成完整统一的知识体系，摈弃专业化带来的弊病。

第四节　博克哈佛大学通识教育改革

一、哈佛大学核心课程改革

（一）博克出任哈佛校长

20 世纪 60 年代是美国大学的一个反叛时期。此时普西（Pusey）任哈佛校长（1953—1971 年）。普西天资聪明过人，是一个虔诚的基督教徒，终身滴酒不沾。他曾坚决维护学术自由和大学尊严。1969 年 4 月，因学生占据校舍办公大楼，他召集警察驱除和逮捕闹事学生，这个事件基本上结束了普西哈佛校长的生涯。当时担任法学院院长的德里克·博克（Derek Bok）曾和其他院长一道反对普西召集警察介入学生动乱事件，赢得了学生的好感。他富有亲和力，善于谈判、仲裁、调停。1971 年他成功地处理了法学院学生霸占校园事件。博克是个个性灵活、反应灵敏、处理问题很具弹性的人。他以务实、低调的作风和亲民、开放的工作风格而赢得了大众的肯定。在普西于 1970 年提出辞职后，博克便成为众望所归的哈佛校长的候选人。1971 年 1 月经校董会研究决定，任命博克为哈佛大学历史上第 25 位校长。

20 世纪 50 年代到 70 年代是美国高等教育界的多事之秋。50 年代的

---

[1] Conant, J. B . *Education in Divided Word*, Cambridge Mass Harvard University Press, 1949 .pp.158.

苏联卫星发射，60 年代的校园反叛，这些事件对美国的高等教育产生了前所未有的冲击。从这个意义上说，博克在这个时候出任可以说是临危受命。他上任之后，把重建本科教育作为改革的重点。二战后，随着美国高等教育大众化的推进，大学的入学人数急剧增加。由于师资和资金投入不足，美国的一些社会因素的影响（这些因素随后专门论述）导致了本科教育质量下降。教育界开始检讨大学的教育问题，从课程的设置到教学法统统都需要反思。

（二）核心课程的诞生

1973 年，博克聘任哈佛文理学院的院长亨利·罗索夫斯基（Henry Rosovsky）主持哈佛的通识教育改革。1974 年 10 月，罗索夫斯基发表了《关于大学学科教育问题致全院教师的信》。在信中他评述了哈佛本科生教育中存在的种种缺失和面临的问题，恳请全院教师献计献策，制定有关大学本科教育的目标和方法。1975 年 5 月，他邀请教授、学生组成七个工作组，分别负责核心课程、教学改进措施、学生辅导、大学生活、入学政策、教育资源分配、学生的构成状况七项主题。在广泛讨论之后来决定优先改进事项。在讨论中，他们达成了一个基本共识，即不要纠缠和拘泥于空洞的和抽象的理论层面的问题，如本科生的教育目的究竟是博雅好还是专业好诸如此类的问题。这些问题没有确切的定论，讨论起来费时费力。他们的目标就是在规定的时间内制定出一个切实可行的通识教育方案。当然，他们并不是否定理论的指导意义，而是希望在有限的时间内制定出务实的、可操作的方案。罗索夫斯基领导的这个工作小组的工作作风和取得的成绩后来被人们津津乐道。

罗索夫斯基任命威尔逊教授负责共同基础课程研究。1976 年初，威尔逊提出了改革方案，即《威尔逊报告》。该方案针对具体目标提出了一套非主修课程。报告主张设计一套核心课程供学生学习。经过两年多讨论、研究和修改,1978年4月由罗索夫斯基主持提出了《核心课程报告书》(《Harvard Report on the Core Curriculum》),把哈佛通识课程开课的领域分为五大类:(1)文学与艺术(Literature and Arts);(2)科学与数学(Science and Mathematics);(3)历史研究(Historical Study);(4)社会与哲学分析(Social and Philosophical An-analysis);(5)外国语文和文化(Foreign Language and Cultures)。[1] 经过激烈的讨论,以182:62压倒多数的优势通过了核心课程方案。并于1979年起,用四年时间实施实验方案。1982年开始全面实施,以核心课程取代原有通识教育课程。

核心课程经过教学反映和多方研讨,1985年明确将课程领域分为六大类:文学与艺术(Literature and Arts);科学(Science);历史研究(Historical Study);社会分析(Social Analysis);道德思考(Moral Reasoning);外国文化(Foreign Cultures)。六个领域课程共有十门课程:外国文化一门、历史研究二门、文学与艺术三门、道德思考一门、科学二门、社会分析一门。

哈佛《1994—1995学生手册》规定:每个哈佛本科生至少要完成32门课程,拿到128个学分方可毕业。其中16门是专业领域,8门是根据自己的兴趣自由选修的科目。其余8~10门的通识课程必须从哈佛的核心课程中选修,而且要从以下的六个领域中的每个领域至少选一门。即外国文化;历史学;文学与艺术;道德推理学(伦理学);自然科学;社会分析。

从20世纪80年代开始到2000年,哈佛大学核心课程的基本框架未做太大的改动,主要包括以上六类课程。但是,每类中的具体内容却随着社会的变化不断地更新。

第一类是外国文化。它所涉猎的内容已经相当广泛了,包括欧洲、拉

---

[1] 黄坤锦.罗索斯基论通识教育与核心课程.通识教育季刊,1995(3).

美、中东、东亚的文化。为什么哈佛会让学生选修这些课程呢？因为随着全球化和信息化的时代的到来，世界的联系越来越紧密。对于世界顶级大学来说，无视其他时空的文明和文化显然是不明智的。作为世界老大的美国可以无视世界上大部分地区文明和文化的存在，只关注欧洲，认为自己的体制是最好的，别人只有向他学习的份儿。但是今天一切已经改变了，美国认识到不管自己多么的强大也只是世界的一部分，尤其是在 9•11 之后，不得不深刻地反省自己的文化。美国的生产、外贸、人口都在缩减，并不是美国停滞了，而是其他国家发展太快了，正如美国政界的一位有识之士所言：除非注意到广大世界，否则我们的生活将会萎缩，一个受过教育的美国人，在新的世纪中不应该因为地方主义情绪，而忽视其他地区的文化。大学作为传承文化的中心自然会考虑全球化的发展了。

第二类是历史学。分A、B二类。A类：重点介绍现代世界中全球性或者接近于全球性的重大问题和观点的发展状况及其渊源，包括当代各国不平等的历史背景、现代政治意识形态的演变等。通过这些课程的学习，学生可以获得有关世界若干重大问题的重要历史知识。如"发达国家与发展中国家：国家不平等的历史根源"课，用各种史料说明世界范围的经济发展和不平等的历史根源及现在面临的问题。B类：侧重一些重大事件的细节介绍，如十字东征军时期、查理曼与中世纪文明的诞生、新教徒改革运动、佛罗伦萨的文艺复兴、法国革命的原因、过程和结果、美国内战、达尔文进化论等科目。目的是培养学生理解事物的复杂性思维方式，每个历史事件的发生都有其错综复杂的成因，这类课程要求学生对一些重大的事件进行深入的思考，认识到历史的演进是一个具体而复杂的过程，这样可以有效地避免线性思维和教条化思维模式。这些学科基本上是跨学科的，它涉及社会学、人类学、政治学、自然科学等多种学科。这些课程不管是对学生灵感的激发，还是对智力训练、批判性思维的培养都非常有效。

第三类是文学与艺术。分A(文学)、B(美术和音乐)、C(文化)三类。文学艺术是一种人文课程，是人类对世界生活经验的文艺性表达，文学艺术课程的研读是要探讨各种文艺形式——譬如小说、诗歌、交响乐——的可能性和局限性，以及获得个人才华和文艺传统之间的交互作用。该领域课程的基本目的是培养学生的审美情趣和对艺术作品的批判性欣赏。

A类：主要是通过欣赏大量的经典，提高学生的人文素养和智力水平。该类课程提供学生一系列的文学批评和分析方法的研习，如文学的功能、分类、传统以及作品的作者、作品的背景。还可以通过学习一些经典小说、诗歌、戏剧、民间文学来提高学生的文学造诣和素养；培养学生的人文精神和人文关怀。

B类：主要视觉艺术、音乐风格、经典作品等方面的介绍，目的在于培养学生的艺术理解和鉴赏能力，如"1950年以来的作曲"课，通过学习不同时期的艺术作品以及它的表达方式和艺术成就，不仅使学生了解不同艺术流派的风格，而且可以欣赏到经典的高雅音乐陶冶情操净化灵魂。

C类：主要探讨人类社会的特定时期一些影响深远的文化成就，以及这些文化对人类文明的传播和启迪。如"希腊文明里的英雄的概念"课，就介绍了希腊历史上的英雄主义对其文学、艺术和祭祀的影响等。

第四类是道德推理(伦理)(**Moral Reasoning**)。该类课程包括：现代主义与极端主义、伦理学与国际关系、伦理问题、孔子人本主义、自我修习与道德共享、有神论与道德推理、政治、道德与法律上的公共与私有、道德完美主义等科目。面对价值观的日益多元化，核心课程中道德思考的教学并不是教导或宣扬某一种道德或哲学，而在于讨论人类经验中重要的而且经常出现的有关价值和抉择的问题和许多宗教和哲学上的道德问题，因为这些问题的解决无法仅依赖于情绪，需要更多的理性和宽容。这些课程的目的是要显示对于正义、责任、公民权责、忠诚、勇敢和个人职责等问题，可以作深入分析理性的思考与反省。这种教学是要探讨个人的、群体的、国家的，和国际间的道德与公正。有两个典型的科目："正义"批判性地讨论古典的和现代的理论（如亚里士多德、洛克、康德、弥勒，以及道德哲学家John Rawls）。同时，讨论这些学理在现今的实际应用；"耶稣和道德生活"探讨重点在于暴力与非暴力、财富与贫穷以及个人道德和公共道德的关系。

这类课程在于传递一种永恒的价值和拓宽学生对高尚生活的理解，正确地认识公正、正义、公民、忠诚、勇气、责任等观念的真正内涵，这有助于学生在以后的人生道路上面对道德抉择时能趋善避恶。该类课程的内容大多是对西方价值观的一种传递同时也包含了一些非西方的思想，如孔子的思想，该类课的目的不是在于全面地介绍哲学、法学、理论学和宗教的所有原则，而是引导学生认识那些与个人进行道德与行为选择有关的内容，去阐明一些不当的行为和缺失的道德原则对人类命运造成的威胁，揭示人权、正义、道德、责任感的真正内涵。

第五类是自然科学。这类课程包括动力学与能量、相对论与量子物理、天文学展望等科目。今天的世界，科技几乎渗入人们生活的各个领域，一个人如果对科学的方法和原理没有一些了解就不算是真正受过广博教育的人，处在一个科技快速进步的时代里的人：各种学理的发现和科技的进步，不断改变人们的生活。人们也在不断地反思科技给生活带来的福祉和灾难，新近的科技给人类带来可能一天内就毁灭地球上的所有生命的原子武器和能在未来延长我们的寿命的基因工程，这一切复杂的社会问题都值得每个受过教育的人去关注和深思。一个受过教育的人不应该对我们未来这么重要的科学，没有了解和认识。了解这些对一个民主国家的公民是相当重要的，因为可以通过投票来阻止和欢迎这些科技进入人们的视野。

这此类课程的基本目的在于加强学生对科学的总体认识和理解，增强学生的科学知识和获取科学资料的能力，让学生对科技有个正确的态度。

该类课程介绍有关理论的重大发现和突破，以及是如何发现这些理论的。

　　第六类社会分析。主要包括：经济学原理、关于人本质的概念、文化、疾病、"医疗：社会医学的跨文化比较"、宗教与现代与世俗主义、"中国家庭、婚姻与亲属关系——一个世纪的变化"等科目。18 世纪晚期经济学领域开始运用社会分析的方法。今天社会分析的方法已经被广泛地运用于政治学、社会学、人类学和心理学，旨在探讨人类的行为。核心课程中这一领域之所以称为社会分析，就是要显示其特性，就是要让学生具备历史文献分析的能力，掌握数量统计的方法，以探知现代社会的问题。理想的科目如"经济学原理"，其学理是相当正规的，实证的研究方法相当成熟严谨。这类课程的目的在于让学生了解社会学的主要理论、观点和方法，从而增强对现代人类行为的认识和理解。

（三）当代哈佛大学通识教育的目的

　　在全球化的时代里，人类在分享现代文明的同时也面临着人的主体性失落、人被物化等问题。教育在呼唤失去的"人"。哈佛从来就没有放弃过要培养一个"受过教育的人"和一个"有教养的人"的教育目的，其核心课程的目的也旨在寻找人的完整性。因此，罗索夫斯基提出"核心课程"的通识教育时，提出了一个有教养的人必须具备的基本素养：[1]

　　（1）一个有教养的人，必须能清晰而有效地思考和写作。学生得到学士学位时，必须能进行精确、中肯、有力地表达。换言之，学生必须具有批判性的思考方式。

　　（2）一个有教养的人，必须对自然和社会人文有批判性地了解。因此，学生必须具备多方面的知识和能力：能运用物理学和生物学上的数学和实

---

[1] Rosovsky, Henry. *The University - An Owner's Manual*, New York Norton company Press,1990, pp.105-107.

验方法；具有历史文献分析和数量统计的方法以探知现代社会的问题；了解以往重要的文学和艺术作品；了解人类主要宗教和哲学上的概念。

从多方面知识能力的熟悉跃进到批判性的了解是更重要、更困难的。为达到此目的，我们必须将课程的内容转化为能作一般性的适用。知识的成长是相当快速的，我们必须鼓励学生成为终生的学习者。人的时间有限，因此只能选择某些科目。我们可以期盼一位科学爱好者读一些有关科学的课程，但无法要求所有的学生研习物理、生物、化学、几何和数学。因此，必修科目的普遍性功能是特别重要的。理想上，必修科目应该既具有重要的内容，又具有了解该学问的方法。譬如习读经济学固然能对经济学的内涵有所认识，但更重要的是能运用经济学的方法来了解社会科学的各项问题，这样经济学在通识教育中才显其价值和意义。

（3）一个有教养的美国人，不应该有地方的偏狭性而忽视其他文明和另一时代的文化。我们必须了解塑造现在和未来的其他地区和历史上不同时期的文化和力量。也许很少人能拥有如此广博的世界观点，但我认为一个人有无受过教育，最大的区别之处就在于生活经验是否能用广阔的视野来省察。

（4）一个有教养的人，要能了解并思考道德和伦理的问题。虽然这些问题几个世纪以来变化很少，但每代人在面临道德伦理问题时，都会碰到两难抉择的困扰。因此受过教育的人，要能做出智慧的判断，从事道德的抉择。最后，一个有教养的人应在某一知识领域有深入的研究，达到介于广泛的知识能力和专业层级之间的程度。用美国大学院校的术语而言，称之为"主修或集中研习"。

二、博克哈佛大学通识教育改革之动因

（一）20 世纪 50 年代前苏联卫星的震撼

美国在第二次世界大战（简称二战）中攫取了巨额财富，而国土又远离战场，所遭受的战争创伤相对较小。二战后，美国成为国际社会事务的主要参与者，并开始扮演世界警察的角色，逐渐取代了战前英法的国际地位，以民主自由社会的主要维护者自居。美国称霸世界的野心也影响到美国战后高等教育的定位——美国的大学教育的目标不再只从美国本土或西方社会的需要出发，而是放眼世界。因而通识课程的内容和教学，自然要体现全球化的思想。此时在美国的教育中也出现了自由放任主义的苗头。同时，长期在进步主义教育理论统治下的美国教育业暴露出许多缺陷，导致教育质量下降，如学生兴趣至上，强调活动和经验，轻视学习的系统性和循序性等。

正当美国人陶醉于成为世界霸主时，1957 年，前苏联抢先成功地发射了人造卫星。美国朝野为之震惊。显然，这表明美国在美苏太空竞赛中落后于苏联。一个强调自由民主的美国落后于社会主义的苏联，美国各界开始反省和检讨，最终认定：战后自由化、兴趣化、学生中心的教育所带来的肤浅散漫、趋易避难的教育要对其负主要责任。社会各界纷纷要求强化教学和辅导。1958 年，国防教育法案（National Defense Education Act）通过。该法案主张对教育加强投入，强调必须加强学生的数学、科学和外语教学。美国学生在自由化、趣味化、学生中心的学习当中，往往会趋易避难地绕过这三科。有鉴于此，在大学的通识课程中几乎都要求学生必修英文写作、数理统计、自然科学、外国语文，这成为各校的基本要求。无论学生就读哪一科系，此四门科目几乎成为共同的核心必修课程，用以奠定学生坚实的学术基础。

（二）20 世纪六七十年代美国校园反叛对通识教育的重创

20 世纪六七十代的美国可谓是多事之秋。当美国将科技进步、争霸获胜的希望通过各种方式转嫁到年轻一代身上的时候，那些出生于战后且在杜威教育理论呵护下自由成长的孩子们愤怒了。他们自由快乐的美梦被贫穷[1]、种族主义、越战和令人厌恶的兵役击得粉碎。政府迫使他们承担在争霸和战争中获胜的责任，而他们不想卷入战争，不想成为集团利益的牺牲品。学生们发现自己生活在一个强大的体制中，这个体制以一种不能容忍的方式操纵着他们的生活。国家制定详尽的争霸计划，不惜任何代价地获得世界领先地位，可是政府却没有行之有效的办法去缓解社会底层人民生活的苦难。此时社会公众的厌战情绪十分普遍的。但是主战的鹰派政客以及军火商在角逐中占了上风，人民的权利、民主程序被愚弄，种族歧视肆虐。血气方刚的年轻学生对这一切都是难以容忍的，于是大规模的校园反叛爆发了。

六七十年代的美国大学校园同样潜伏着令学生不满的问题。二战后，美国社会迎来了人口出生高峰，大学的入学人数不断上涨，这就需要投入更多的资金支持。财政问题成了一个棘手的社会问题并最终影响到了学生敏感脆弱的神经。此时的社会公众对科学研究越来越看重，而对大学日常的教学活动却十分的漠然。许多知名教授为了得到更多的科研经费，为了维系自己的声誉和社会地位，将绝大部分时间和精力都致力于科研。学生的需求被有意无意地忽略，本科教学受损便是自然的事了。

二战后随着美国高等教育大众化进程的加快，美国政府对高等教育的财政投入远远赶不上大学入学人数增加的需求。宿舍像大兵营，课堂、食堂拥挤，教授难以接近和相处。通识教育的传统一落千丈。大学就像一部生产机器。学生通过各种方式表达对现状的不满和厌恶，并想方设法发泄这种情绪，如越来越多的学生参加了黑人选民登记和其他方面的民权运动。许多人开始谴责越南战争，认为约翰政府的政策是对越南孤立无援的

---

[1] 迈克尔·哈林顿著.郑飞北译.另一个美国.中国青年出版社，2012，23.

农民进行的一场不可原谅的恐怖战争。

对男生来说，麻烦还不止这些，征兵制会把他们卷入这场可恶的战争中。他们中有的背井离乡去加拿大或其他国家来开小差或躲避兵役，留下来的则继续斗争。据统计，当时的逃避服役率是 52‰。

1964 年，伯克利大学爆发了规模较大的学生运动，并蔓延到全国的高校。学生不满当时大学院校的虚假矫饰和官僚行政，抗议课程的迂腐不切实际；不满师资水平的低落，抗议教学的不当；要求学校尊重学生的个别需求和人格尊严，课程要有智力的思辨空间；反对教师的一味强加猛灌，教师的教法要确实有效而非一味地自我吹嘘等。学生占据大学的行政大楼作为要求公正对待黑人和越南实现和平的手段。在学生的眼里，学校的行政官员和政治统治集团、政客、军火商有着千丝万缕的联系。

在反战、反权威的情绪影响下，传统价值和通识教育遭到重创。一项全国性的调查统计显示，通识教育在大学生课程中的比例由 1967 年的 43%迅速降至 1974 年的 33%（Blackburn and associates，1976 年）， 7 年之间减少 10%。量的减少只是其次，更为严重的是通识课程的学分也在减少，表现为课程结构和实际教学一种质的降低。根据 1977 年卡内基理事会高等教育政策研究（Carnegie Council Policy Studies in Higher Education）报告，这时期只有 10% 的大学采用共同必修的核心课程，85% 的大学采取松散的分类必修，只要学生修足学分即可。在这种质量各方面均下降的情形下，无怪乎 1977 年卡内基（Carnegie）的报告称这时期的通识教育部分为大学教育的"大灾难的地区"（a Disaster Area）。[1]

（三）各界对 20 世纪六七十年代校园反叛和骚乱之反思

---

[1] Levine, *A. Handbook on Undergraduate Curriculum*, San Francisco Jossey-Bass Publisher,1988, pp.9-15

自 1945 年哈佛发布《红皮书》以来，原分人文、社会、自然三大领域的通识教育实施 20 多年之后逐渐松散，尤其在 20 世纪六七十年代。校园学生运动和骚乱不断出现，校园的学术气氛、精神状态普遍颓废，支撑大学学术生命的通识教育也跌入低谷。此时的大学"缺乏一个理解大学宗旨，忠于大学宗旨的教授团体。"[1] 大部分教授为了保全自己，迁就和姑息闹事学生，对核心课程一项一项被取消表现出前所未有的漠然。只有少数教授为了学术的尊严在徒劳地投着反对票。学术的衰颓，学生对自主权和反叛权的滥用，导致原先的通识课程全面瓦解，如从 1967—1968 学年哈佛的教学课程科目（Courses of Instruction）便可看出，原先人文领域中必读的"文学经典名著"和社会科学必读"西方思想与制度"均被取消了，学生大都相继选读较轻松容易的科目。[2]

面对学生校园运动和骚乱，美国政府也开始行动起来以期挽救残局。政府相继出台了一系列的有关高等教育的政策和法规。年轻的肯尼迪总统意外身亡后，约翰逊接替出任总统，他喜欢把自己称为"卫生和教育总统"。这种称谓在某种意义上是有道理的。相比之下，约翰逊是一位比较重视和关注教育的总统。他在职期间通过了许多教育法案，如 1964 年，他极力促成国会通过了保证黑人教育权和选举权的《民权法》；1965 年，同样在他的努力下通过了《高等教育法》，此法案注重对贫困学生进行经济援助，设立了联邦奖学金，鼓励各州和私人为广大学生提供奖学金贷款。这是他"伟大社会计划"的一部分，也是一种安抚和补偿社会大众反战情绪的手段。但是大学生的怨恨远远不止这些，他们怨恨政府无视国内问题，而把巨额资金投入千里之外去屠杀越南人民，使青年变得残酷而野蛮；怨恨个人越来越被技术化的社会所支配，大学按照商品的规格来塑造个人；抱怨

---

[1] 艾伦·布鲁姆著. 宋丽娜等译. 走向封闭的美国精神. 中国社会科学出版社，1994，304.
[2] Harvard Committee, *Harvard University Courses of Instruction*, Cambridge Harvard University Press ,1967,p32.

在专业化时代人的整体性沦丧等，这一系列的问题都在不断地触动大学生那敏感而脆弱的神经。

在民权法的鼓励下，哈佛大学的入学人数急剧增加。学生具有不同的种族、宗教、经济和文化背景。一个多元化的时代悄然而至。学生对课程设置提出了新的要求，即要求课程设置能考虑他们的需求、感受和文化。传统的通识教育力图将单一的西方知识精华传递给年轻一代，随着多元化时代的到来，这一做法显得过时。原有的课程模式已经无法适应变化的形势。同时，由于哈佛大学过于重视研究生教育和科研，忽视本科生的教育，导致了哈佛大学本科生教育质量的下降，哈佛大学因此受到了校内外人士的指责。诸多的因素使哈佛不得不进行一场彻底的教育改革。从这个意义上说，哈佛在 20 世纪 70 年代实行的第四次通识教育改革是众望所归。

第七章 哈佛大学通识教育改革启迪与借鉴

第一节 国内大学通识教育现状

工业革命以来，科技的迅猛发展改善了人类的生存环境，带来了数不清的福祉，而人类今天面临的危机，只有增进自然科学、技术与人文学科的融通才是人类的共同福祉。科技发展促进了知识的分化，自然科学、社会研究与人文学科三大领域都从哲学中独立出来。自然科学注重的是描述、分析、解释和证实；注重实用性和工具性，对道德的评价不做预设，正如，科学家发明氢弹、原子弹、核能的初衷不是为了威胁人类的安全、存在和破坏生态自然，但是技术一旦被没有人类责任感、被欲望冲昏头脑的强权国家利用，地球就会被毁灭。技术支配、人文精神缺失的严重后果从两次世界大战便可窥见一斑。而今天，环境问题、人口问题、贫富差距等问题深深地困扰着全人类的共同利益，地球迟早被交到年轻一代的手里，那么教育和培养一代完整的、负责任的、心智成熟的、有使命感的、有人文关怀的、能对人类共同利益服务的新生代，就是教育的使命和责任。

自然科学和人文学科是相互依存的，自然科学的发展需要人文学科的营养和新鲜血液，很多科技发明来自艺术的灵感和滋养；而艺术的表现力也需要技术的彰显，来增加视觉美。科学技术和人文学科有非常深入的联结。据我多年的教学经验和观察发现：理工科学不好的学生与自身语文功底弱有显著的相关性，远归因是阅读量不够，没有强大的文字理解和解释功底，对文字不敏感、理解不透彻，从而影响了对理工科题意的解读、阐释。因此没有必要将专业教育与通识教育对立起来。自然科学的学科基础是建立在严谨的逻辑推理以及确定的经验法则之上，透过观察、分析、实验之后来证明其学术的成果，因此在自然科学领域里尽管每个领域里的研究方法、专门的学术语言、分析模式等不尽相同，但是知识对思维训练效果是一样的，不同领域、学科的抽象理论、原则、推论方式都有相通之处。而作为专业学科无法解决的价值问题，通识教育所承载的人文传统能引领价值取向。

无论是强调自由还是广博，都是在反对各种形式的割裂，强调自然学科和人文学科的融会贯通，人文学科的一些研究方法也是从自然学科中引用过来，在学科分化之前，所有的学科都是以哲学为基础，知识的割裂几乎是很难被发现的，渊博的知识没有阻止那个时代的精英对人类的特别贡献，而是一种促进。比如，阿尔伯特·爱因斯坦（Albert Einstein），世界十大杰出物理学家之一，现代物理学的开创者、集大成者和奠基人，同时他也是一位著名的思想家和哲学家、音乐家。从这个时代的精英阶层我们看到人文和自然科学的和谐共处和相互融通，催生了人类文明的进步。

20 世纪 50 年代，新中国刚刚成立，百废待兴，急需专业人才建设国家，中国高校全面向苏联学习，建立了专业教育培养模式。在这个特定的时期，比起通识教育的受益，专业教育收效更快。因此，1950—1978 年，通识教育在中国高等教育领域几乎不见踪影。改革开放后，通识教育才慢慢走近一些研究者的视野，如 1988 年杭州大学张维平的博士论文就是《高等学校中的普通教育》，之后也有学者介绍香港、台湾的通识教育，到了 2000 年前后，中国的一些高校在本科生培养方案中使用"通识教育"这一词。在国内影响力较大的通识教育，是北京大学 2001 年启动的元培计划，2002—2003 年在元培实验班按照新的教育理念、新的模式进行培养，即在低年级实行通识教育和大学基础教育，在高年级实行宽口径的专业教育，在学习制度上实行在教学计划和导师指导下的自由选课学分制，导师制、弹性学制。目前对北京大学元培学院学分制的必要性、导师制效能、弹性学制适用性等一系列问题，学生和家长的质疑声也越来越大，虽然校方也有澄清，希望学生和家长能理解学校在通识教育改革过程中所做的工作。

但从这种撕裂中可以看出，通识教育目前在中国高等教育领域中确实存在诸多问题。

一、 通识课程设置

我国大学的本科课程体系一般由三部分构成：公共基础课＋学科基础课＋专业课。笔者所任教的大学把公共基础课程通通给起了一个时髦的名称，叫通识课程，这里的通识课程只是个有趣的名字而已，对于通识教育所涵盖的人文精神，通识教育课程内容设计理念及教授方式，从学生到教师到管理层无人知晓，也不愿意知晓。即使在关注通识教育的著名大学，相当多的任课教师对通选课的设置目的也不甚了解，也是将通识课程与原先的公共课程混为一谈，把通选课开成了科普课、讲座课、一般学科知识介绍课，完全忘却了通识教育的初衷和本质在于启迪学生的心智、培育学生的思考力、判断力，从而提升学生的主体性。这种对通识教育的误解和曲解就是目前中国高校通识教育课程设置的现状。

（一）教学方法

公共课程美其名曰为通识课程，那么通识课程的教学方法也依然是换汤不换药了：讲授法最为盛行，老师讲学生听，偶尔也会有讨论、对话，但课堂对话基本是自说自话，老师说，来吧，我们讨论一下，但学生却知道老师想要他说什么，或者系主任让他说什么？这不是对话，是用对话伪装起来的自说自话，在大学的课堂本来应该存在高层意识对话、技术性的对话，这很有用很重要，对话是有效的信息交换形式。而伪装起来的对话，较不容易深入学生的心灵和激发学生的思考力，形式主义教学容易导致学生的思考倦怠。

（二）师资

在中国高校没有为通识教育课程的开设进行专门师资培训，通识课程的师资主要是公共课程的原班人马，在工具理性的驱动下，教师也被功利主义左右，自身也欠缺人文精神，人文关怀。如果我们的老师将学生或学校中的同事视为获取资金的手段、取得成绩的手段、获取领导权力的手段，那么我们就被功利主义主宰，只能看到对方的工具性，在工具理性大行其道的今天好像这也没有什么不好，但是却有悖于人类的共同利益，不适合社群的共同存在。学校、老师对人生的意义不感兴趣，坦率地讲，在我个人看来，对人生不感兴趣，这就意味着学校、老师对人类不感兴趣，对人类都不感兴趣，何谈关心人类的共同利益。当然，即使有了一流的师资，学生也未必会对通识教育感兴趣。

二、通识教育改革在中国高校

首先，大学的课程设置迎合社会的需求。即从培养一个专才的需要出发，构建专业所需要的学科基础课和公共基础课，形成了"公共基础课—学科基础课—专业课"体系，专门知识是学院和大学占支配地位的特征，学院和大学的组织与权力是围绕在专门知识的周围，对学生的精神需求很少关注，所以真正可以塑造学生心灵，让灵魂觉醒的人文课程是不受欢迎的。同时，学校的评价体系和社会的评价标准也是以智育为导向，对学生的人文素养考察普遍不重视，在高校里对学生的评价主要依据学业成就，而学业成就评价也仅仅考虑统考科目成绩的高低，公共外语的过级考试成绩如何，很少关注学业成就之外的事。而社会的评价更是直截了当，一个大学生来就业，只看你是否有学位证、学历证、英语四或六级证书、专业技术证书等，智育之外且没法量化却往往是被忽视的素养。

其次，工具理性、功利主义大行其道的危害。现今，大学以就业为导向的专业教育深入人心，通识教育在工具理性主导的社会和学校里，势单力薄，不被待见，著名学者钱理群教授从北大退休之后，曾经义务到一些场合去讲学，钱教授是研究鲁迅的专家，讲的也是介绍鲁迅的课程（文学是培养人文精神的通识教育课程），但讲了不到一个月，原来座无虚席的教室到最后只剩下三三两两的学生，并不是钱教授的课不好，而是大家觉得，现在听鲁迅对于自己的升学、就业没有半点帮助，大家都很忙，哪有时间来听这些"没用"的课呢？　在目前的大学生眼里，课程以是否对升学和对就业有用为分类标准，因此大学课程可以简单地分两类：一类是"有用的"，另一类是"没用的"。同时，大学老师几乎无一例外地被学生质疑过这样的问题：老师，您讲的这个对我们升学、就业有什么用？更有甚者，老师如果在讲授专业课堂上扩展人文知识，对学生进行道德引领，会被投诉到主管部门，被投诉的原因是这老师在课堂上讲了与专业无关、没用的知识。这也难怪北大教授钱理群先生惊叹：在中国的大学里，包括最好的北大、清华，都正在培养一群二十几岁就已经"老奸巨猾"的学生，他们高智商、世俗、老到、善于表演、懂得配合，更善于利用体制达到自己的目的。为此，钱教授感慨万千，他曾经撰文《大学里绝对精致的利己主义者》，他在文中警告说："这样的人，一旦掌握了权力，其对国家、民族的损害，是大大超过那些贪官污吏的。"因为对他们来说，牺牲个人的利益是不可接受的，在长期的教育中把"有用"和"没用"作为判断课程的标准，已经从课堂的潜移默化中牵引到了生活工作的各个方面了。关于大学生是更关心雾霾的治理呢？还是更关心奖品？我们做过这样一个的测试：工作人员分两组在不同的大学校园里，学生上下课集中经过的路口，用横幅拉了一个这样的问题：关于如何治理雾霾？请路过的同学留下您宝贵的建议。工作人员为路过的同学准备一条 1 米宽 10 米长可以留言的布，以及很多可以随手使用的笔，不写字留言的，还可以用录音笔留言。其中一组在横幅上用醒目的字注明，留言结束后可以领取奖品，另一组则没有奖品。结果显示，有奖品的一组几乎路过的90%以上同学都有留言，而没奖品留言的学生不到10%，可以得出这样的结论：与雾霾相比，此刻学生比较关心的是奖品的有无。

第二节　借鉴哈佛大学通识教育改革成功经验

哈佛大学在美国通识教育发展历程中占据着主要地位，不管是它的通识教育改革的理念还是课程设置都独领风骚。比如埃利奥特的自由选修改革和科南特的哈佛红皮书，都成为世界通识教育改革的典范。通识教育的目的是回归人的主体性、完整性，通过通识教育旨在反思工具理性的局限性，让人学会与自然相处，与社会相处，与自己相处，通识教育是呼唤内心觉醒的教育并让人过上有尊严的生活，而不是在工具理性、功利主义的驱动下变成一个赚钱的工具，成为一个异化了的个体。通识教育在我们高校成功的前提首先在于厘定通识课程体系和理念以及培养可以将课程体系深入演绎的、高品质的师资队伍。

一、　拟定能实现通识教育理念的课程体系

在通识教育理念的指导下，确定通识教育在培养年轻一代所扮演的角色和在大学教育中的地位，以广博知识体系建构宽广的视野，重新建立课程的层次性，并强化通识与专业课程的融通，提供学生均衡发展的平台使其具备深厚的文化底蕴、人文精神以及广阔的国际视野，以及对不同领域之学科有基本尊重与了解，并与人所生存的人文与自然环境建立起互为主

体性的关系，对人类的共同利益有所关注，保护人类赖以生存的地球。因此，在课程改革的过程中，必须厘清通识教育的发展目标，并以此来建构新的课程框架，具体如下。

第一类课程：人文素养关注。文学、艺术、哲学、音乐、历史、地理、天文作为培养学生人文素养的通识课程。

文艺复兴时期把人文学科作为一个独特领域来研究，其主要特点就是把人从神那里解救出来，要给人权利，要给人尊严。人文学科的研究也是一个研究人如何获得权利、尊严，达成心灵自由和解放的过程。人文学科顾名思义就是人的学问，研究人的学科；"文"就是使人精神生长、焕发、获得尊严，心灵自在、舒适、自由。人类文明诸要素包括艺术、哲学、文学、历史、天文、地理等。儒家文化非常重视人的尊严，如"大丈夫顶天立地""不为五斗米折腰""舍生取义"，与此相比，今天的人沦为赚钱的工具，就是给一斗米也折腰，有人为了获利何止是不要尊严，出卖良知的也比比皆是。因此，在工具理性、功利主义主导的教育领域，复兴儒家文明和儒家文化尤为迫切，通过人文学科来"认识你自己"，认识你所存在的族群，以及这个族群的历史、文化、艺术、音乐，以及明白人文学科是了解自己和族群的最佳途径的原因。

前面我讲过人类的四大文明古国除了中国，全部消失了，为什么只有中华文明延绵不断呢？那是因为我们注重"人文学科"的学习和研究，从来没放弃记录"人"的活动轨迹以及对"重要人物、重要事迹的记录和诠释"并通过各种形式有意无意地保存和书写自己的历史。先贤书写和保存历史不是为了让后人遗忘和抛弃的，是为了让这个民族能"以史为鉴"更好地存在。重新回溯自己的历史，重新了解自己的历史、文化、传统，对于像浮萍一样的"80后""90后"，已经成为重要使命。作为"80后"的父母一代"50后""60后"经历了不幸年代，使通过血液相传、口耳相传、代代相传的仁义礼智信等传统美德、优秀的传统文化，从"根"上、从血液中，呈现断崖式的分裂。再加上改革开放以来，在全民向"钱"冲的慌乱中把传统几乎丢得所剩无几。如果不能在每一代人身上把自己历史的基本课题、基本问题传下去，就会导致我们对历史的印象越来越淡，那么这个国家的民族和文化认同就会越来越弱。

大学生为什么要学习哲学？先哲苏格拉底毕生以哲学为职业，安贫乐道。他告诉世人，现存的不一定是合理的；他教导世人，要学会怀疑，独立思考，辨别善恶，反抗世俗偏见，听从理性律令。他面对强权而保持合乎理性的自信，面对众人指责而不收回自己的思想，"他宁愿失欢于众，获罪于邦，而决不折腰"。古希腊晚期的思想家伊壁鸠鲁不仅承认感官享受是幸福生活的目标，而且更试图解答"怎样才能快乐"的问题。在他看来，哲学的任务就是帮助人们诊断痛苦和欲望的脉搏，制定出摆脱精神苦难、谋求快乐人生的方案。伊壁鸠鲁开出的药方有三大元素：友谊、自由和思想。由此知道，富甲天下不会增加快乐，快乐的真谛在于思想的自由和心灵的沟通。因此，学习哲学可以减少一些迷茫、错位、惊愕、焦虑，增加一些理性和自信，使自己头脑敏锐、智慧具足和思辨能力俱佳。

文学是一个民族通过它的文本，通过它的语言能够把它内在的感情、真切的体验用最吸引人的语言表达出来，使人把"看不见的看见"。读杜甫的诗《自京赴奉先咏怀五百字》"朱门酒肉臭，路有冻死骨"，看见的是：朱门、酒肉、寒冬、路上被冻死的尸骨；看不见的是：当时尖锐的社会矛盾，贫富悬殊的社会现实，人民的苦难，执政集团的荒淫腐败。通过杜甫的诗，我们回到了那个时代，看见了当时老百姓的生存状态。

音乐是情感的艺术，它擅长通过旋律表达人类的思想认识，通过音响激发人类的情感世界，从而引发人类的情感共鸣，激发人类认识美、鉴赏美和创造美的激情，并在这种激情中使自己的情感世界得到净化，得到美的享受与美的熏陶。

高雅艺术作品通常可以加强人的社会责任感和道德良心，消除人的冷漠与封闭，激发人的生命活力和进取心，开阔人的心胸与眼界，树立人的崇高理想，净化人的心灵，升华人的人格，提高人的意志力与自信心，使无法自由宣泄情感，通过艺术得以表达，从而沟通人的思想和情感。此外，艺术欣赏还可以看作是一种智力训练，用以提高人的智力水平。

重回诸子百家时代，这类课程首先应该从四书五经（四书：《大学》《中庸》《论语》《孟子》；五经：《诗》《书》《礼》《易》《春秋》）等儒家经典中节选，四书五经等中华优秀的传统文化的经典对培养年轻一代的文化底蕴和道德情操、广博深厚的涵养、人文精神、增强民族的自信心都意义非凡；其次，从人类其他时空中节选经典的文学、艺术、哲学、音乐，比如古希腊哲学、文艺复兴时期的作品，西方现代哲学、音乐、艺术等作品和后现代哲学等。当然我们不排斥人类其他地域的文明，把人类久远的、不同时空、不同地域的文明也请进来，培养我们独居的智慧和反思能力，让我们更深入地认识自己。古希腊的神话哲学就有这样的教育意义："认识你自己"。这句话镌刻在古希腊特尔斐的阿波罗神庙上面，同时还有一句话"适可而止"（Nothing is Excess）。希腊人把这个神庙视为宇宙的肚脐眼，不过它的确是希腊人的中心。神庙上的话语要表达的是凡人都有错，所以人和人类要了解自己的局限性，既然你不是神，那么你要适可而止，不要走极端，人必须有审视自己的勇气，面对并且接受灵魂中的黑暗角落，然后磨之，并坚持成为一个好人，关心人类的命运，尤其是弱势群体人的命运以及关心人类赖以生存的自然和各个民族与自然相处的方式。去拯救生命，包括一些动物的生命和生命权，我们是人种中心主义者，一向无视其他生物的生命和生命权，这种文化和思想也让人类在某种程度上付出了代价。"我所拯救的生命可能是邻居的、亲人的，也可能是你自己的"，文学、哲学、生活可以给生命这样的启迪：这一系列的课程可以使年轻一代具备这样的胸怀，关注弱势群体和部族；关注自然，也对我们有没有勇气审视自己到底是谁、能不能善良地活着提出质疑，人们能够看到周围可做的善事，但为什么不去做呢？人类是复杂的生物，我们能够以道德的方式思考，也能做有道德的事，可以无私奉献、乐善好施，但也是极其利己的生物，我们自身会阻止我们做正确的事，在我们的内心时常会有这样的斗争，特定的环境促使我们选择漠视，这就是人性中的不足，学习文学、艺术、哲学，有助于我们成为审视、面对自己灵魂中的不足并揭露自己灵魂的人。

第二类课程：语言是必不可少的通识教育课程。

随着全球化、信息化时代的到来，世界的联系越来越紧密，中国成为世界的第二大经济共同体，"一带一路"政策也将中国的大学毕业生带入了更广阔的国际舞台，我们与中亚的关系愈来愈紧密。比如，我们投资了数百亿美元，建设巴基斯坦的基础设施等，如果不学习除了民族文化之外的文化、文明，是没法具备开阔的国际视野和与世界其他文明对话、沟通的。

随着"一带一路"项目的推进，我国需要掌握小语种语言、精通各国文化的人才。"国家外语人才资源库"高校外语专业招生情况统计表明，我国正面临着小语种人才匮乏的困境，2010—2013年高校外语专业招生的语种只覆盖20种，在已招生的20个小语种专业中，11个语种的在读学生数量不足100人，希腊语、希伯来语、孟加拉国语等8个语种的在读人数均不足50人。

2016年教育部牵头制定《推进共建"一带一路"教育行动》，国内知名语言类高校增设多个沿线国家小语种专业。为服务于"一带一路"建设，密切与世界各国的联系，北京外国语大学、上海外国语大学、北京语言大学、北京第二外国语学院等语言类高校纷纷新开设土耳其语、乌兹别克语、白俄罗斯语等小语种专业。其中，北外一次新增茨瓦纳语、恩德贝莱语、科摩罗语等 11 个小语种专业。未来，小语种人才在语言沟通、文化交流领域都将发挥大作用。除此之外，处于"一带一路"起点和沿途地区的大学，如陕西外国语大学、陕西师范大学、新疆大学、新疆师范等大学也应开设"一带一路"沿线相关国家的语言，如阿拉伯语、泰语、老挝语、乌尔都语等小语种，一方面为国家培育急需人才，另一方面，这些小语种专业未来的毕业生就业前景也会很不错。根据公开材料显示，"一带一路"沿线国家除了汉语和英语外，还通行 50 多种官方语言。2017 年以来，我国对"一带一路"沿线的 45 个国家新增投资，从 1～4 月，仅非金融类直接投资就有 39.8 亿美元，占同期总额的 15.1%，占比较去年同期上升 6.9 个百分点。主要投向老挝、印度尼西亚、巴基斯坦、马来西亚、柬埔寨、俄罗斯、阿联酋、缅甸等国家和地区。特别是未来"一带一路"带领中国企业走出去推进国家战略时，这些小语种毕业生就业选择面更加广阔，到国家重要部委、知名企业工作的机会会越来越多。同时，跨境电商等新领域迅猛发展，相关企业人才需求也非常大，使其就业选择更加多样化。同时，学习新的语言为学生开阔新视野界。一种语言后面都是一种别具特色的文化。

第三类课程：为了知识体系的完整性，通识课程的设置应尽可能地引入跨学科课程，并鼓励学生跨学科选课。

通识课程设置理念就在于尽可能地打破知识的边界，在工程、自然科学中体现人文关怀精神，在人文学科中引入科学精神和科学方法，学科的融合理念融入培养专业人才所需的课程中，强调具备通识精神的专业教育，对培养的学生怀有这样的期待，即期能具备专业的素养、人文关怀的情操、宏观的见识及优雅的气质，以适应未来中国特色社会主义多元化和国际化的社会。因此在通识教育课程规划上，包含基本专业能力和博雅涵养两部分，其中基本专业能力课程旨在提升大学基础教育的能力；而博雅涵养课程则期望学生能通过多元选修。尽可能地拓宽自己的视野。如美国的大学不仅是哈佛大学，像斯坦福、麻省理工、杜克等研究型大学都鼓励学生跨学科选修课程，强调知识的整体性和完整性，学科的交叉也是创新的源泉和基础，美国一流的研究型大学也致力于开发一些经典的跨学科课程，聘请有多学科背景的教授任教，丰富多彩的美国大学本科跨学科课程已经成为其本科课程体系的重要组成部分，学习跨学科课程已经成为美国大学对本科生学习的基本要求，其跨学科课程的开发值得借鉴。

在美国除了大学，一些科研机构也开发和研究跨学科课程，如美国国家科学院（United States National Academy of Sciences，NAS）是由美国著名科学家组成的组织，其成员在任期内无偿地作为"全国科学、工程和医药的顾问"。在1916年组织成立了美国国家研究理事会，目的是组成科学技术联合体，深化学术知识并向联邦政府提出建议。这一组织的成立，直接带动了各项科学技术的联合发展，加之在第一次世界大战之后，美国在战争中获得了丰厚的利益，大批的科研经费投入到了美国科学技术的联合发展中去，为美国大科学体制的形成提供了充足的动力。

对一些大型工程，比如航天工程、环境治理工程，是需要各个领域协同配合解决，需要各个专业相互密切配合，也需要具有跨学科背景的科学家、工程师和经济学家等，这就促使美国的大学不断地推进跨学科课程的建设，也使美国大学的跨学科研究得到了全面的发展。正是社会政治、经济与科技文化的巨大变化，研发投入模式的转变，市场化程度的提升，以及教育领域内部的改革欲求，使得科学研究与社会现实的互动成为必须，解决复杂问题所必需的跨学科研究获得极大发展，美国研究型大学成立了数量庞大的以跨学科研究为特征的研究所、研究中心、实验室和研究团队。

这就要有求学科的融合和整合，要求人文学科与自然学科的对话，其实，在人类历史演进的过程中，科学发展与人文世界之间，一直具有高度的相关性，科学与人文艺术绝非对立，而是相互对话、关联及彼此影响。

在学科未分化之前，所有的学科几乎都统整在哲学中，为了借由通识教育课程而增加学生的知识广度并拓展其视野，兼备人文社会与科学素养，进而培养较宏观的知识基础与独立思辨的能力，落实全人教育的理想。跨学科教学的典型范例有"杜克大学跨学科课程'焦点计划'项目"1988年，杜克大学公布《跨越边界：20世纪90年代的跨学科规划》(《Crossing the Boundaries：Interdisciplinary Planning for the Nineties》)的战略发展计划，跨学科教学和研究开始成为杜克大学的发展主题。1998年，凯西·戴维森（Cathy Davidson）成为杜克大学第一个全职跨学科副教务长。在凯西·戴维森的推动下，"焦点计划"（Focus Program）作为面向大一学生进行跨学科深度学习的项目诞生。同年，焦点计划推出《多元化与同一性》(《Diversity and Identity》)《环境变化：科学和社会视角》(《Environmental Changes:Scientific and Social Dimensions》)等15个跨学科项目。1999年3月，杜克大学本科生课程目录明确规定：参加"焦点计划"的学生必须修读5门课程，其中包括2门项目专题研讨（Program Seminars）、1门写作、1门半个学分的焦点讨论和1门跨学科选修课程。

跨学科课程有利于形成学生的整体知识观，跨学科课程培养学生形成独特的跨越学科边界从更广阔的空间审视知识的价值和意义培养学生广阔的视域，超越自己的专业寻找解决科学难题的方法。学生通过跨学科课程学习，可以学会比较不同学科和理论之间的差异，综合的理解力量，使用对比、诠释方法阐明一个或一系列问题，促进学生学习的综合化，培养学生的批判性思考和创造性思维能力，激发其创造潜能。

无论是哈佛大学的"核心课程"还是杜克大学的"焦点计划"项目，这些美国研究型大学跨学科课程开发和教授经验为国内建设"双一流大学"具有参考价值。

二、 造就卓越的师资队伍提升通识教育的内在品质

正如哈佛大学前校长博克指出，学生从大学带走的知识和心智习惯，较少取决于他们上了什么课，而是取决于课程是怎么教和教得多好，因此，不管设计多么完美的课程体系，没有一批卓越的教师，去提升学生的素养、价值观、认知能力以及启迪学生的思考力、判断力，注定任何通识教育改革的尝试都会受阻。推动通识课程的革新，建立一批卓越的师资队伍迫在眉睫。为此，首先，聘请各个领域的专家、学者为学生讲授通识课程，比如，对人文学科的通识课程，可以邀请这一领域的专家、学者为学生开设专题讲座、研讨会；其次，定期举办通识课程教师座谈会，邀请校外优秀通识课程教师分享教学经验，交换课程、教学意见，来提升通识课程教学品质。同时，探讨专业课程与通识课程融会贯通的示范教学，请有成功教学经验的教师进行专题演讲，并进行通识课程理念的实践与课程规划交流。再次，举办通识课程教师学术研讨会，出版刊物，鼓励教师结合专业，进行研究交流。据目前的资料显示，在中国这方面的学术研讨会非常少。鼓励通识教师将通识课程教学经验，转化为研究议题，并发表学术成果，再将成果回归教学。期望通过学术研讨会的方式提升通识教育教学品质，加强不同领域和不同校际间的合作和交流。

结　语

　　研究目的在于解决目前人类所面临的共同问题，与工业化后西方边缘化文明有关，也与西方功利主义、工具理性主导的专业化教育有关，主张用通识教育所传递的人文精神，儒家轴心文明所构建的自我秩序、家庭秩序、社会秩序和天下秩序来重建天下大同的世界秩序，确保人类持续发展。

　　通识教育旨在培养关心人类共同利益的、完整的、健全的、具有人文关怀的谦谦君子，寄托通识教育传承儒家文明。通识教育的书院化以及通识教育的学院化是一种不错的构想，希望以此来打通专业之间的壁垒，全面提升学生的素养。这一点，也可以从哈佛大学的通识教育改革中得到启发。哈佛 1978 年前一共进行过四次较大规模、富有成效的通识教育改革，分别发生在哈佛的埃利奥特时期、罗威尔时期、科南特时期以及博克时期。哈佛大学通识教育的发展历程就像美国社会发展的一面镜子，折射出美国一个多世纪以来的沧桑巨变。从提倡的自由选修到今天的核心课程，哈佛大学的通识教育改革在不同时期受到美国社会政治、经济、文化的影响，通过不断地对教育中存在的问题进行反思，提出更加合理、可行的方案，这样就使通识教育的内涵和外延在不同的时期都得到了新的活力和进一步的发展，通识课程也得到了不断的扩充，并逐渐走向成熟。

　　通识教育是对自由教育和专业教育的一种平衡和融通。通识教育在哈佛的诞生主要是由于进步人士不满当时哈佛的课程都属于古典的必修形式，没有做到与时俱进，无法满足社会发展的要求。于是，颇具革新精神的埃利奥特便实施了哈佛大学的第一次通识教育改革，推行自由选修。但是，由于自由选修权被学生不恰当运用，许多学生避难就易，造成了教育水平的下降。针对这些问题，罗威尔上任后又提出了"集中与选修"，进行了第二次通识教育改革。

进入 19 世纪后期以后，由于社会工业的蓬勃发展，许多实用技术的科目进入了课堂。同时由于民主与科学的思想日益深入人心，不同阶层的人也都有机会进入学校。到了 20 世纪，随着美国社会的全面发展，工商业得到了迅猛发展，为了迎合广大人民的社会需求，许多职业性和科学性的课程科目逐渐主宰美国的大学，人文学科受到了空前的削弱，几乎成了大学高等教育课程的一个点缀。

同时像其他大学一样，二战后，哈佛大学不能回避的问题是随着教育大众化时代的到来，在校学生的年龄延长，使得在校人数剧增，学校几乎成了收容所，未成年人、失业人员、退役军人应有尽有。精英教育似乎成了泡影，取而代之的是更加实用的职业培训。其次，国家工业化的成功，使学术研究偏重于科学技术与工业的进步，形成了科学主义专业化时代，通识教育的价值和意义被极大地忽视。

作为一所崇尚自由教育精神，积淀了深厚文化底蕴的高等院校，就像它不会无视科学技术的发展一样，哈佛也不会无视人文学科的衰落，因为这足以破坏人的完整性，影响科学的长足发展和社会的整体进步。为了更好地平衡人文学科与自然学科的发展，挽救二者之间的割裂状态所引发的危害，二战后，以科南特为代表的哈佛人推动了第三次通识教育改革以挽救危机，并培养民主社会的自由公民。

20 世纪五六十年代的美国是一个多事之秋，50 年代苏联卫星上天的震撼，60 年代校园的反叛都是对通识教育的重创，70 年代博克出任哈佛校长后，任命罗索夫斯基对哈佛的教育状况进行调查研究，于 1978 作了《核心课程报告》。该报告提出了哈佛通识教育的基本框架，直到今天仍然被应用。

通识教育在一个成熟的教育体制中是不可或缺。随着时代的进步，它的价值应该被提升而不是降低。在哈佛的智者同仁看来，缔造了辉煌文明和伟大业绩的西方文化传统是不能被无视的，这是通识教育的价值根基，也是西方教育的特征。在理论上，希腊的文化遗产是不能被忽视的，因为"希腊人不仅奠定了一切后来的西方思想体系的基础，而且几乎提供了两千年来欧洲文明所探究的所有的问题和答案"。

通识教育的作用在于启迪学生与人类的伟大文明、文化遗产进行对话，并使人文学科与现代科学尽可能地融通。通识教育所提倡的教育内容提供了理解新兴学科和世界发展潮流的基础，如我们可以通过读牛顿的《数学原理》来理解科学的渊源。那些伟大的人类文化遗产蕴含了人类社会发展过程中最重要、最基本的问题，在探讨这些问题的时候，也是提升生命价值，发展智慧、陶冶情操、开发心智的过程；通识教育也为智性工作者提供了智力支持，它通过伟大的人类文明来影响学生，触动学生，开发学生的创造力，使他们能理解现实世界的复杂性和多样性，能适应地球村的生活，对人类的不幸有所关怀，能关注一些全球性的问题并寻求解决的办法。

参考文献

中文部分

[1]贾馥茗著.教育哲学.三民书局,1983.

[2]赫钦斯著.陆有铨译.民主社会中教育上的冲突.桂冠图书股份有限公司,1994.

[3]张斌贤主编.外国教育史.教育科学出版社,2008.

[4]华东师范大学教育系,杭州大学教育系主编.西方古代教育论著选.人民教育出版社,2001.

[5]爱德华·威尔逊著.梁锦鋆译.21世纪的科学与人文——知识大融通.中信出版社,2016.

[6]夏光著.东亚现代性与西方现代性.三联出版社,2005.

[7]余英时著.现代儒学论.上海人民出版社,1998.

[8]刘述先著.儒家思想开拓的尝试.中国社会科学出版社,2001.

[9]杜维明著.陈静译.儒教.上海古籍出版社,2008.

[10]李明辉著.儒家视野下的政治思想.北京大学出版社,2005.

[11]张德胜著.儒商与现代社会:义利关系的社会学之辨.南京大学出版社,2002.

[12]林端著.儒家伦理与法律文化:社会学观点的探索.中国政法大学出版社,2002.

[13]芮乐伟·韩森(Valerie Hansen)著.丝绸之路新史.北京联合出版公司,2015.

[14]玛格丽特·米德著. 周晓虹等译. 文化与承诺：一项有关代沟问题的研究. 河北人民出版社，1987.

[15]查尔斯·比尔德, 玛丽·比尔德著. 美国文明的兴起. 商务印书馆，1991.

[16]李剑鸣著. 大转折的年代. 天津教育出版社，1992.

[17]高广孚著. 西洋教育思想史. 台湾五南图书出版公司出版，1996.

[18]黄坤锦. 罗索夫斯基论通识教育与核心课程（上）. 通识教育季刊, 民国 83 年第一期.

[19]迈克尔·哈林顿著. 郑飞北译. 另一个美国. 中国青年出版社，2012.

[20]艾伦·布鲁姆著. 宋丽娜等译. 走向封闭的美国精神. 中国社会科学出版社, 1994.

英文部分

[1] Arthur. Levine, *A Handbook on Undergraduate. Curriculum. San. Francisco*,Jossey-Bass Press,1978,pp.34.

[2] Henry Cardinal Newman: *The Idea of a University*, New York: Images Books Press,1959，pp.47-55.

[3] T.R.McConnell:*General Education：An Analysis*，in N·B·Henry，*The Fifty-First Yearbook of the National Society for the Study of Education*，hicago:University of Chiacago Press，1910

[4] Stéphane A. Dudoignon, Komatsu Hisao,Kosugi Yasushi. *Intellectuals in the modern Islamic world:transmission,transformation, communication*,NewYork:RoutledgePress.2006.

[5]Albrow,Martin and Elizabeth King (eds.), *Globalization,Knowledge and Society* ,London: Sage Press,1990, pp. 8.

[6]Michael Mann,*The Sources of Social Powe* (vol.1), Cambridge University Press,1986, p.34-41.

[7]Andrew Marr, *A History of the World*. Macmillan Press. 2012, pp.100. 7Harvard Committe,*Harvard University. Courses of Instruction*, Cambridge:Harvard University Press. 1967,pp.32.

[8]Thomas, *The Search for a Common Learning: General Education 1800-1960,* New York:McGraw-Hill. 1962. pp.66-67.

[9]R.N.Smith,*The Harvard Century-The Making of a University to a Nation*. New York.Simon and Schuster Press,1986. pp69.

[10]Harvard Committee. *General Education in a Free Society*, Cambridge Mass:Harvard University Press,1945, pp.204-230.

[11]R.Hofstadter and W. Smith, *American Higher Education, A Documentary History*, The University of Chicago Press, 1961, pp964.

[12]A Report of the President's Commission on Higher Education, " *Higher Education for American Democracy* " , Washington D.C:Government Printing office Press ,1987,pp.8.

[13]Conant,J. B. *Education in Divided Word,*Cambridge,Mass:Harvard University Press. 1949 .pp.7.

[14]Rosovsky,Henry. *The University - An Owner`s Manual,*New York: W.W. Norton company Press.1990,pp.105-107.

[15]Smith,R.N. *The Harvard Century - The Making of A University To A Nation,*New York： Simon and Schuster Press,1986, pp.34.

[16]Hofstadter and Smith,*The Yale Report of 1828 Volume 1,*The Yale University press,1961 pp.277-291.

[17]Levine,*A. Handbook on Undergraduate Curriculum,*San Francisco: ssey-Bass Publisher. 1988, pp.4.

[18] L.A.Cremin, *American Education, The Colonial Experience, 1607~ 1783*, Harper ow Publishers,1970,pp.214.

[19]Charles Franklin Thwing,T*he American and The German University, One Hundred Years of History*,The Mamillan Company Press,1982,pp38-39.

[20]Robinson, Ben. *Making Students Saft for Democracy - The Core Curriculum and Intellectual Management. in How Harvard Rules edited by John Trumpbour*,Boston:South End Press, 1989, p362-363.

[21] Harvard Committee，Harvard University. Courses of Instruction [M].Cambridge ，Harvard University Press. 1967,p32

[22]Levine,*A. Handbook on Undergraduate Curriculum*,San Francisco: Jossey-Bass Publisher. 1988,p.9-15.

[23]Conant,J. B . *Education in Divided Word*,Cambridge,Mass:Harvard University 1949,p74.

[24]Smith, R.N. *The Harvard Century - The Making of A University to A Nation*[M]. New York: Simon and Schuster. 1986,p.71.

[25]Thomas,R.*The Search for a Common Learning:General Education 1800-1960,* New York:McGraw-Hill Press,1962, pp.66-67.

[26]Harvard Committee, *General Education in a Free Society*, ambridge Mass.:Harvard University Press. 1945, p.64-73.

[27]R.Hofstadter and W. Smith, *American Higher Education, A Documentary History*,The University of Chicago Press,1961,p965.

[28]A Report of the President's Commission on Higher Education , "Higher Education for American Democracy" ,Washington • D.C: Government Printing office,1987. p.8.

[29]Conant,J. B. *Education in Divided Word[M] Cambridge* Mass: Harvard University Press,1949,p75.

[30]Levine,*A Handbook on Undergraduate Curriculum.* San Francisco: Jossey-Bass Publisher. 1988,p.9-15.

[31]Documents,*Harvard University. Courses of Instruction,*Cambridge, Harvard University Press,1967,p32.

后　记

一

清晨，踏着第一缕晨光，聆听着鸟儿的叫声，看着沿途怒放的鲜花，感觉自我边界消失，融入天地万物之中，"无我"存在于十方虚空之中，见山便是山，见水便是水，我已消融于万水千山间，随其游走和流离，像隐士一样轻盈前行，找到那份与万事万物的和谐相处的"自在"，行于"中道"立于　"正位"。

傍晚，落日的余晖，美得让人窒息，在寂静中聆听荒野的风声，觉察自己的执着、妄念；千江有水千江月，万里无云万里天。千江之月，哪个是敢怠慢的，恭敬之心不可散去，万里晴空，本性自现。没有什么是我的；属于我的；由我控制的；学习放下，没有了执着，犹如寒山寺中的隐士住在寂静中读诗、读画、读自己，完全止息，感受越来越深入的平静、远离尘垢，只做自己能做的和想做的，其他的顺其自然。感受空灵、寂静、无上觉，没有哀怨。无论什么样的境遇都心存感恩。

深夜，从图书馆出来，扑鼻的花香，沁人心扉，微风佛面，远处寒山寺的钟声隐约可见，悠扬的笛声也随风而至，清澈、唯美。一直以来都想过简朴的生活，喜欢听流水潺潺过山谷，喜欢看落花寂寂漫空舞，喜欢在山野小径中漫步，喜欢听晨钟与暮鼓，不再为爱伤心落泪哭，不再为功名利禄受辛苦，一身素丝相伴，那是永恒不再孤独，聆听围绕我的寂静，片片在落花飞舞，仿佛是我的前世今生，不知来自何处，又到何方，梧桐树下，西风黄叶舞，花事人非，两匆匆，零落凭谁吊？上有青冥之高天，下有渌水之波澜的古都长安，诗意的栖息地，在此，读你、读我，不枉度此生，在这里最终完成了自己的一部学术专著。

197

我人生中最美好的事之一就是能在拥有深厚的文化底蕴的陕西师范大学攻读博士学位，度过了我人生非常美好的一段时光。在这里，我越来越为自己的无知感到恐慌、不安；在这里我掘开了无知的深渊，自知坠入无知的黑洞，身体随着下沉，再也飘浮不到云端；也不断地与时间对峙、抗争，其结果总是败给瞬间即逝的、令人怜惜的美好时光。失望在所难免，但在失望中遇见不足的自己，实乃大幸。横渠先生曰："学者舍礼仪，则饱食终日，无所猷为，与下民一致；所事不逾衣食之间，燕游之乐耳。"像朱熹所言，礼足以制心；义足以悦心。具备"君子"的德行，是知识分子的基本常识。在这里最大的收获就是"我知道我有多无知"，感恩导师对有诸多不足的我的教诲。

感恩我的恩师——田建荣教授，不辞劳苦地指导、教诲和激励，拓展了我的研究领域，使我的研究不断向纵深方向发展，这是我一直以来所期待和梦寐以求的事。导师稳如泰山的定力、渊博的学识、虚心的涵养、一丝不苟的专业精神、高远的德行、谦谦君子的形象与大丈夫的人格是我穷其一生要追求的，恩师就是我的远方，是我今生都敬仰与感恩的人，感恩导师的知遇之恩。

感恩2013年做访问学者期间，导师——司晓宏教授对我的教诲和指导，他的研究方法和学术思想启迪了我，为我开启了一个未知的世界，他做学问的思想与方法对我产生了深远的影响，导师是我终身要铭记与感恩的人。

感恩硕士期间的导师张俊洪教授，是他引领我走上了学术道路，感恩他的指导和教诲，在我眼里，导师是一个非常睿智且充满智慧的人，对世界有通透的顿悟、敏锐而细致的洞察力。

在这里，我遇到了学识渊博、才华横溢、德高望重、品行高远的导师团队——田建荣教授、司晓宏教授、陈鹏教授、郝文武教授、栗洪武教授、张立昌教授、陈晓端教授等。也从导师们的身上看到：所谓学问之道，与

"成器"相比"成德"才是终极目标。无德的人一旦掌握了权势有了话语权，就会口出狂言、生灵涂炭，故此立德比立言更重要。大仁大悲济天下生灵于困苦是知识分子的情怀。

每次看到气定神闲、仁与智俱足的教科院的导师团队在学术研讨会上，在论文答辩中，从来不会尖酸、刻薄、故意刁难、心怀恶念地对待任何身处其中的人。深刻地体悟到他们是用行动在诠释：仁者爱人、智者怀柔、上善若水、上德若谷的境界。越是有德行的导师，越温暖，心像水一样柔软，德行像伟岸的山谷一样不可逾越，他们从来不会刻薄地对待生命，不会亵渎生命的尊严。这种境界是我要努力拥有的——荣华势利不诱其意，素颜玉肌不惑其目，清商流征不乱其耳，爱恶利害不搅其神，功名声誉不束其体。做学问就是一场修行，且没有终点，不断地寻找你在宇宙中的恰当位置，即"中正"之位。《中庸》也强调，君子而时中。时，指宇宙与人生在时间形式上的变化历程，当以人的理性客观地认识自然法则。中，指在人与天地、周遭环境的互动往来时，可久可大的永恒性价值原理。圣人之作易也，将顺性命之理，即教人顺性命中的仁性与智性，统摄自然法则与价值理序，行时取中道。

《易经》同人卦象曰："中正而应，君子正也；唯君子为能通天下之志"。六爻中，六二爻与九五爻分别位居内外卦之中，且得正位，系中正应中正，故曰：君子居于中正位也，居于正位，聚合天地之正气，就得天地万物的滋养。立于天地间而不败也。如果位置没找对，占领了不属于你的位置，得不到万物的滋养，譬如，小三，肯定没找对自己的位置，无法聚集福气且得到万物的滋养；再譬如：贪官，即使得到了权势和地位，但没做对的事情，离"中"，弃"正"，而后被弃之。

穷其一生去寻找自己在宇宙中的"中正"之位，以灵智番天时天机天秩，以天赋的德性心契合天德，提升成全天下生灵之善德和善行，以刚健不息，厚德载物的人文精神，与裴通燮，居仁由義，育人与天地寓物，避惠向善的心性意念，是知识分子的使命；参悟君子的存在方式：战战兢兢，如履薄冰、如临深渊。

人之灵性在于秉承天地万物的生生之善德，而颖人特有的仁心智慧。人当自觉且自珍天赋的仁心智慧，以仁义礼智的成己成人成物之德来弥合天地元享利贞的大生广生之德，在天人合德共赞生生之盛德大业中，人当仁智相须，以仁摄智，总摄群生于致中和，天地位、万物育的广大高明气象中（站在不属于自己的位置聚集的是晦气），在喧嚣的时代，守住清净心和善根，以大仁大悲心济天下苍生，是知识分子的使命。

易经干卦象所云：君子以自强不息，愤发向善，崇日新不已的盛德，开物成务于富有的大业，以安顿天下苍生为己任，安顿流离失所的人心与人的灵性生命。你的出现不会伤到任何有形的、无形的生命，你的出现不使任何人感到困扰，有压迫感。你与万事万物相处的"自在"，自我边界消失产生的融入感，不管身处何地都产生融入感，都感觉自在，不但自己自在，别人也自在。以"仁"的方式存在，万物互通，互联。仁是天地万物之端，爱是万物之源，仁爱与君子如影随形。

是故，《易传·系辞》曰："履，德之基也；谦，德之柄也；复，德之本也；恒，德之固也；损，德之修也；益，德之裕也；困，德之辨也；井，德之地也；巽，德之制也。"君子能守履、谦、复、恒、巽；而在损、困中现德之相。《周易》中，履卦旨在教人践履力行；兼卦教人谦虚上进；卦教人能返身以歌；恒卦教人恒持正理常道，信道淮德，贵在有恒；损卦教人憨忿窒憨以免小不忍则乱大谋；益卦教人修身，贵在积善累德；困卦教人虚困境中，判然而不失原则，井卦教人效法井，如井般的安定静笃，有不拔之定力；巽卦教人遇事必须深谋能定，曲应事变，以得时宜之正。此力卦相承相贯，周密通顺，道是处忧患之世燮所应持的正理常道。君子处事、做学问应秉持天地之间的法则，严守道心。

具备技术和知识，只要投入足够的精力，到达彼岸只是个时间问题而已，但是智慧和德行具足，却不是时间能掌控的，靠修行、悟性、道德心灵以及避恶趋善的决心。干文言传谓："夫大人者，与天地合其德，与日月合其明，与四时合其序，与鬼神合其吉凶。先天而天弗连，后天而奉天时。"君子能契应天地生生之常理常德的伟大人格。君子以无比的智慧，周遍的洞悉天地、日月、四时的自然理序，同时，仁心宅厚，忍天地生生之仁德。君子仁智应变，融合自然理序与价值理序，以参赞化育生生之大德来牟天配天。举此，干文言傅稠："君子进德修业，忠信，所以进德也。修辞立其诚，所以居业也。知至至之，可与几也。知终终之，可与存义也。是故，居上位而不骄，在下位而不忧。故干干，因其时而惕，虽危无咎矣。

正如一封遗书不能倾诉人生全部衷肠，一篇后记又怎能道尽曾经的岁月沧桑和惆怅。

二

2007年动笔至今，掐指一算也整整10年了，本来想要是能再沉淀几年再出版肯定比现在好，无论表达方式还是思想积淀都会有新的境界，但是关心的问题不能再等待了，殷切希望这些关乎人类前途和命运的生态伦理问题；工具理性主导的专业化教育急功近利人文精神缺失导致人的碎片化、空壳现象，零视野，表达能力、判断能力"不在场"，自我分裂，高贵灵魂游离、幸福感的缺失问题；过度被西方边缘文化西化导致的年轻一代中华文明的认同感危机；儒家轴心文明的"断崖式"存在状态，人类唯一没有中断的文明面临着传承危机；现代性导致的伦理道德体系的全面沦陷；群体性盲从导致的低层意识四处蔓延等议题能广泛地引起各界关注。10年就匆匆出一本书，从物理意义上来考证这个时间肯定是不够的，很多东西是需要时间张力来沉淀的。对读者来说也很抱歉，我会继续深度思考这些问题的。

　　回想这 10 年的时光，由于我先生从事野外工作，一直以来都是我和女儿相依为命，过着简朴的生活，对衣食住行几乎没有任何额外的要求，深信大道至简，食可果腹，衣可蔽体即可，本来就是福报不够的人，怎么敢有贪念。少买点就少制造点，少制造点就少污染点，留点余德给子孙。在这样的想法下，往往一件外套一穿就是很多年，以至于一日，偶遇师兄，师兄看着十年如一日不变的装束，关切地问：师妹近况如何，吾笑答曰："去年穷未是穷，今年穷始是穷，去年穷无立锥之地，今年穷椎已无。"忽闻吾言，师兄愁容满面，凝重的神情让人生悲，但见师兄慈悲依旧，心怀善念的师兄勿牵，君子忧道不忧贫。更何况，凡有所相，皆是虚妄，诸相非相。内心谦下是功，外行于礼是德，若修功德之人，心即不轻，常行普敬，背尘合觉、慎言慎行过简朴的生活是其中的一部分。

张焰珺家慈

于丁酉年癸未月庚寅日留于长安